マニモゴ！

ずぼら
韓国
ごはん

JN038763

島本美由紀

はじめに

韓国ドラマに出てきたおいしそうな料理をおうちでも食べてみたい！ SNSで
紹介されていた話題のレシピを作ってみたい！ と思ったら、この本におまかせ!!

特別な材料を使わなくても、日本のスーパーやコンビニなどで購入できる食材や
調味料で、食べたかったあの味を自宅で手軽に再現することができるんです。

この本では、ふだん料理をしない人でも、本場の味を1人分から楽しめるように、
ムリなく、簡単に作れるおいしいレシピをたっぷりと詰め込みました。
韓国の人たちがよく食べているリアルなずぼら飯や、
レンチンで作れる時短レシピも満載です。

ちょっと元気がないようなときでも、キムチやコチュジャンの
真っ赤な色を目にすると食欲が湧いてきます。
また、発酵食品であるキムチや、野菜をたっぷり使うなどのレシピが多く、
韓国料理には人を元気にするパワーがあります。

何より、韓国には食べることを大切にする文化があります。
それを象徴するのが、「많이 먹어 (マニモゴ)」という言葉。
「たくさん食べてね」という意味で、日常的によく使われるフレーズです。

ひとりでドラマを見ながら、
友達をよんでいっしょに、おいしい韓国ごはんを食べながら、
おうちで韓国気分を存分に味わってくださいね。マニモゴ！

料理研究家　島本美由紀

많이 먹어

マニモゴ！

これさえあれば OK!

この本で使うおもな
調味料&韓国食材10

コチュジャン

米やもち米に麹、唐辛子を加えて発酵させた甘辛いみそ。韓国料理に欠かせない調味料です。

bibigo コチュジャン 200g ／ 259 円（税込）
100% 天日干しの唐辛子を使った、本場韓国の伝統的なコチュジャン。

粉唐辛子

韓国の赤唐辛子を粉状にしたもの。日本の一味唐辛子と違って、種を除いて皮の部分だけを粉にしているので、色鮮やかですが意外と辛くありません。細挽き、中挽き、粗挽きと種類がありますが、本書では細挽きタイプを使用。

顆粒和風だし・
顆粒鶏がらスープの素

韓国では、「ダシダ」とよばれる顆粒だし（P.6）をよく使いますが、おもに本書のPART1〜4ではダシダの代わりに、より手軽に買える顆粒和風だしと顆粒鶏がらスープの素を使用しました。

ごま油

炒め油のほか、料理の仕上げなど、さまざまな用途で使用。食欲をそそる香りと独特の風味が加わります。

韓国料理を作るには、本格的な調味料をそろえないといけないんでしょ……？ と思うかもしれませんが、そんなことはありません！ この本では、ずぼらさんでも気軽に作れるよう、ごくごく身近な材料でレシピを考えました。砂糖、塩、酢、しょうゆ、みそなどの基本調味料のほか、まずはこれだけ用意して！

이것만 사죠~!

これだけ買って〜!

イゴンマン サジョ

白いりごま

韓国料理では、黒ごまより白ごまのほうがよく使われます。ごま油同様、仕上げに振って風味豊かに。

おろしにんにく・おろししょうが

本書では、おもにチューブタイプのものを使用しています。生のものを使う場合は、にんにく1片（5g）＝チューブ3cm分、しょうが1片（10g）＝チューブ5cm分が目安です。

キムチ

キムチは酸味がある韓国産のものがおすすめ（詳しくはP.80のColumn3へ）。

bibigo おいしいキムチ 300g ／ 432 円（税込）
厳選した材料を使用。酸味控えめな日本人好みの本格キムチ。

韓国海苔

塩とごま油で味つけされた韓国の味つけ海苔。日本の味つけ海苔より薄く、サクサクとした食感です。

bibigo 韓国味付のり 8袋／ 475 円（税込）
韓国産海苔を使用した、ほどよく塩みがきいた味つけ海苔。

おすすめ食材

マストの調味料類にプラスして、あるとさらに韓国気分が盛り上がる食材をご紹介します。

トック（トッポギ用の餅）

軽食やおやつとして食べられるトッポギなどに使われる餅。スーパーや輸入食材店、韓国食材専門店などで購入できます。

インスタント麺

韓国の国民食ともいえるインスタント麺！ 袋のレシピどおりシンプルに食べるのもよいですが、本書ではさまざまなアレンジレシピを紹介しています。

たくあん

キンパの具（P.92）や、チャジャン麺（P.32）のつけ合わせなどに欠かせないのが黄色いたくあん。韓国では「**단무지**（タンムジ）」とよばれています。

包み野菜

肉料理には、サンチュやえごまの葉などの包み野菜を添えて。独特な苦みがある爽やかな風味がたまらない！

ランチョンミート

韓国ではランチョンミートが大人気。鍋やチャーハンの具材に欠かせない食材です。キムチやラーメンとも相性抜群！

ダシダ（牛＆いりこ）

韓国の顆粒だし。本書では、おもにPART5のレシピで使用します。こってり味が好きな方は牛、あっさり味が好きな方はいりこがおすすめ！

牛肉ダシダ、プレミアムいりこダシダ 各100g ／各259円（税込）

素材のおいしさが溶け込んだ粉末調味料。これひとつで本格的な味に。

●レシピについて

・レシピの材料の分量は、基本的に1人分です。ただし、レシピによっては作りやすい分量で表記しています。

・おろしにんにくとおろししょうがは、チューブタイプを使用しています。生のにんにく、しょうがを使う場合は、おろしにんにくチューブ3cm＝にんにく1片（5g）、おろししょうがチューブ5cm＝しょうが1片（10g）が目安です。

・しょうゆは濃口しょうゆ、砂糖は上白糖、塩は天然塩、みりんは本みりん（またはみりん風調味料）、みそは信州みそ、バターは有塩のものを使用しています。

・計量スプーンは、大さじ1＝15mL、小さじ1＝5mLです。「ひとつまみ」は親指、人差し指、中指の3本の指でつまんだ量、「少々」は親指と人差し指の2本の指でつまんだ量です。「適量」は料理に見合った適当な量、「適宜」はお好みで入れても入れなくてもかまわないという意味です。

・フライパンは、フッ素樹脂加工のものを使用しています。

●電子レンジについて

・加熱時間は、600Wの電子レンジで加熱する場合の時間の目安を表示しています。

・700Wの場合は0.8倍、500Wの場合は1.2倍の時間を目安に、様子を見ながら調整してください。機種によっては多少差が出る場合があります。

・電子レンジが「ターンテーブルタイプ」の場合、ターンテーブルのふち側のほうが温まりやすいので、加熱の際はムラを防ぐために、ターンテーブルの中央ではなく、ふち側に食材をおいてください。

・ターンテーブルのない「フラットタイプ」の場合は、中央において加熱してください。

●電子レンジ調理で使う容器について

・電子レンジ対応の耐熱容器を使ってください。

耐熱性の
ガラスボウル

◎電子レンジで使える容器

耐熱性のガラスボウルや皿、プラスチック容器、シリコン加工容器、色や形がシンプルな陶磁器など。表示を確認し、必ず耐熱性のものを使用してください。

耐熱性の皿

✕電子レンジで使えない容器

アルミや琺瑯などの金属製品や、耐熱性ではないガラスやプラスチック製品など。また、木製や漆の器、金銀線のある陶磁器も、電子レンジ調理では使用できません。

電子レンジで使える容器

耐熱性の
プラスチック容器

●電子レンジ調理の際のラップ、容器のフタについて

ぴったりかけず、ふんわりラップが基本

耐熱性のボウルや皿などにラップをかけるときは、少し隙間をあけて、ふんわりとかけてください。ぴったりかけて加熱をすると、ラップが料理にくっついたり、破裂したり、吹きこぼれたりすることがあるので注意しましょう。

フタつきの耐熱容器は、フタを斜めにのせて加熱

耐熱性のプラスチック容器を使用する場合、フタを少しずらし、対角の2か所に隙間を作るようにのせると、ラップの代わりとして使うことができます。ぴったりフタを閉めたまま加熱すると蒸気の逃げ道がなくなり、破裂などの原因になりますので注意してください。また、耐熱性の容器であってもフタは耐熱性ではない場合があります。表示をよく確認し、使用してください。

Contents

PART 2

テバッ！ やみつき激ウマ
韓国版ずぼら飯

ぶっかけごはん

インスタント麺

そうめん・うどん・パスタ

おつまみ

Column 2

PART3

ウェルビン!
野菜たっぷり作りおき

PART4

アイゴー!
映えるビジュアル柔レシピ

PART5

コッ モッコ シッポ！
みんなで食べたい本格派料理

최고
チェゴ！

PART1

おうちで作れる
韓国食堂ごはん

豆知識 ▶ **최고（チェゴ）** 韓国語で「最高」の意味。日常的によく使われる表現です。

外食文化が根づく韓国には食堂がたくさん！
旅先で食べたあの味や、ドラマの登場人物が
おいしそうに食べていたあの料理を、
1人分から手軽に作れるレシピで紹介します。
ガッツリ肉料理から、チゲやスープ、ごはん、麺類まで、
おうちでおいしく再現！

밥도둑!

ごはんがすすむ
甘辛味

豆知識 **밥도둑 (パットドゥク)** 韓国語で「ごはん泥棒」の意味。ごはんがすすむおかずのことを指します。食べ過ぎ注意！

チェユクポックム

材料（1人分）

豚バラ薄切り肉	120g
玉ねぎ	¼個
ししとう	4本
A コチュジャン・砂糖	各大さじ1
しょうゆ・酒・ごま油	各小さじ1
おろしにんにく・おろししょうが	各1cm

作り方

1 豚肉はひと口大に切り、Aをもみ込み、5分ほどおく。

2 玉ねぎは1cm幅のくし形にする。ししとうはヘタを取って包丁の先で1cm程度の切り込みを1か所入れる。

3 フライパンに**1**と**2**を入れて中火にかけ、フタをして2〜3分ほど蒸し焼きにする。

4 フタを取って炒め合わせ、全体に火が通ったら器に盛る。

豚バラ肉をコチュジャンなどで甘辛く炒めた、韓国の食堂の定番メニュー。日本におけるしょうが焼き的存在!? ししとうを加えて彩り鮮やかに。

メモ

「제육（チェユク）」は豚肉、「볶음（ポックム）」は炒め物という意味。ちなみに「ひとりごはん」は韓国語で「혼밥（ホンパプ）」。韓国でも、最近はおひとりさまが増えてきています。

辛さのレベル

ドゥブキムチ

吹き出し: 豚キムチが さっぱり 食べられる

材料（1人分）

材料	分量
豚バラ薄切り肉	100g
キムチ	100g
にら	¼束
木綿豆腐	½丁（150g）
A　オイスターソース・ごま油	各小さじ1
白いりごま	小さじ⅔

これでレンチン

作り方

1 豚肉はひと口大、にらは3cm長さに切る。

2 耐熱容器に**1**とキムチ、Aを入れてよく混ぜる。ふんわりとラップをかけ、電子レンジで4分加熱し、よく混ぜる。

3 軽く水けをきった豆腐を4等分に切って器に盛り、**2**をかける。

豚キムチ炒めの豆腐添え。しっかり味の豚キムチと、淡白な味わいの豆腐が、互いに引き立て合います。

パプリカの赤が
食欲をそそる

プルコギ

辛さのレベル
🌶🌶🌶

韓国の代表的な肉料理をレンチンでお手軽に。

おいしく作るコツはお肉にしっかり下味をつけること。

材料（1人分）

牛切り落とし肉	100g
玉ねぎ	1/8個(25g)
パプリカ（赤）	1/8個(15g)
しめじ	30g
小ねぎ	3本
A しょうゆ	大さじ1
砂糖・ごま油	各小さじ1/2
白いりごま	小さじ1
おろしにんにく	2cm

作り方

1 牛肉はAをもみ込み、10分ほどおく。

2 玉ねぎは薄切り、パプリカはヘタと種を取って1cm幅の斜め切りにする。しめじは根元を切ってほぐし、小ねぎは3cm長さに切る。

3 耐熱皿に**2**を入れ、その上に**1**を広げてのせる。ふんわりとラップをかけ、電子レンジで4分加熱し、よく混ぜて器に盛る。

これでレンチン

しっとりお肉が
とにかくウマい

미쳤네~

カルビチム

材料（1人分）

牛カルビ肉（焼き肉用）		100g
じゃがいも		1個（100g）
しいたけ		1個
にんじん		¼本（40g）
玉ねぎ		¼個（50g）
A	しょうゆ・砂糖・酒	各大さじ1
	みりん・ごま油	各小さじ1
	おろしにんにく	1cm
	顆粒和風だし	小さじ⅓

牛カルビ肉の蒸し煮。日本の肉じゃがに近いイメージです。本来は骨つきカルビを長時間煮込んで作る料理ですが、焼き肉用のお肉を使ってレンチンすればあっという間に完成！

作り方

1 牛肉は長さを半分に切る。じゃがいもはひと口大に切って水にさらす。しいたけは石づきを取って半分に切り、にんじんは乱切りにする。玉ねぎは3cm角に切る。

2 耐熱容器に牛肉を入れ、じゃがいも、しいたけ、にんじん、玉ねぎをのせ、Aをかける。ふんわりとラップをかけ、電子レンジで5分加熱する。

3 取り出してひと混ぜし、ラップをかけ直し、もう2分加熱する。よく混ぜて器に盛る。

これでレンチン

 豆知識 미쳤네（ミチョンネ） 「クレイジー」の意味。おいしいの最上級的なニュアンスでも使われます。

ケランチム

卵の土鍋蒸し。日本の茶わん蒸しほど固くはなく、ふわふわとして、だし巻き卵や明石焼きに近い食感です。口に入れるとじゅわっとだしが広がります。

材料（1人分／直径約12cmの鍋使用）

卵	1個
かに風味かまぼこ	2本
小ねぎ（小口切り）	2本分
A　水	100mL
酒・ごま油・顆粒鶏がらスープの素	各小さじ ½
塩	ひとつまみ

作り方

1 かに風味かまぼこは3等分に切って細かくほぐす。

2 ボウルに卵を割りほぐし、Aを加えてよく混ぜ、ザルで濾す。

3 鍋に**1**と小ねぎ、**2**を入れ、強火にかける。

4 鍋の内側に泡がプクプクとしてきたら弱火にしてボウルなどをかぶせ（a）、5〜6分ほど蒸す。

フタをして
蒸らす！

a

泡がプクプクとしてきたら弱火にしてボウルなどでフタをします。

＋モ

ここでは2号サイズのトゥッペギ（P.104）を使っていますが、一般的な小鍋でも作ることができます。

豆知識 　배고파 (ペゴパ) 　韓国語で「お腹がすいた」の意味。語尾に「ヨ」をつけると丁寧な言い方になります。

罪悪感少なめ
のヘルシー
タッカルビ

チ ー ズ タ ッ カ ル ビ

辛さのレベル 🌶🌶🌶

甘辛く味つけした鶏肉にトロリとしたチーズを絡ませながら
食べる人気メニュー。むね肉を使ってヘルシーに。

材料（1人分）

鶏むね肉（皮なし）
────── ½枚（125g）
玉ねぎ ────── ½個（100g）
ピザ用チーズ ────── 20g
小ねぎ（小口切り） ────── 適量

A コチュジャン ── 大さじ1
しょうゆ・酒・砂糖・
ごま油 ── 各小さじ2
おろしにんにく ── 2㎝

作り方

1 鶏肉は繊維に沿ってひと口大の
そぎ切りにし、玉ねぎは2〜3㎝
角に切る。

2 耐熱容器に**1**とAを入れてよく混
ぜ、ふんわりとラップをかけ、電
子レンジで6分加熱する。

3 取り出してひと混ぜし、チーズを
のせ、ラップをかけ直し、もう1
分加熱する。

これでレンチン

4 器に盛り、
小ねぎを散らす。

ビービー辛くて
お酒がすすむ！

タッパル風手羽先

辛さのレベル 🌶🌶🌶

タッパルは、お酒の肴にピッタリの、もみじ（鶏足）の激辛炒め。手羽先で作りやすくアレンジしました。

材料（1人分）

鶏手羽先 ……………… 4本
白いりごま ………………… 適量
A　コチュジャン・酒
　　　　　　　　…… 各大さじ1
　　粉唐辛子・ごま油・
　　砂糖 …………… 各小さじ2
　　しょうゆ ………… 小さじ1
　　顆粒鶏がらスープの素
　　　　　　　　……… 小さじ½
　　おろしにんにく …… 3㎝

作り方

1 手羽先は関節で切り分け、骨に沿って切り込みを入れる（a）。熱湯で3分ほどゆでて水けを拭く。

2 フライパンに**1**を皮目を下にして入れて中火にかけ、パリッと焼けたら裏返す。両面パリッと焼けたら、よく混ぜ合わせたAを加え、さっと炒め合わせる。

3 器に盛り、白いりごまを振る。

味が染み込む！

a

キッチンバサミで骨に沿って切り込みを入れます。

やさしい味わいの
とろとろスープ

맵지 않아!

サムゲタン風スープ

辛さのレベル 🌶🌶🌶

丸鶏のお腹にもち米などを詰めて煮込むサムゲタンを、お手軽スープにアレンジ。手羽元を使えばレンチンで作れます。お米を洗わずそのまま入れることで、白濁したとろみスープに。

材料（1人分）

鶏手羽元		2本
塩		少々
長ねぎ		½本(50g)
米		大さじ1
ごま油		適量
糸唐辛子		適宜
A	水	200mL
	顆粒鶏がらスープの素	小さじ1
	おろしにんにく・おろししょうが	各2cm

作り方

1 手羽元は骨に沿って切り開き（a）、塩をもみ込む。長ねぎは斜め薄切りにする。

2 耐熱容器に1と米、Aを入れてよく混ぜ、ふんわりとラップをかけ、電子レンジで6分加熱する。

3 器に盛り、ごま油を回しかけ、好みで糸唐辛子を飾る。

食べやすさ
アップ！

a

骨に沿って切り開きます。

糸唐辛子
韓国では料理の仕上げによく使われる。

これでレンチン

豆知識 ▶ **맵지 않아** (メプチ アナ) 韓国語で「辛くないよ」の意味。辛くない韓国料理もたくさんあります。

たっぷり
どんぶり
サイズ！

スンドゥブチゲ

辛さのレベル

材料（1人分）

豚バラ薄切り肉	50g
冷凍あさり（むき身）	50g
絹豆腐	½丁（150g）
粉唐辛子	適量
小ねぎ（2cm幅の斜め切り）	適量

A
水 ……… 200mL
顆粒鶏がらスープの素・
　酒・コチュジャン・
　ごま油 …… 各小さじ1
しょうゆ・砂糖
　　　　　…… 各小さじ½
おろしにんにく …… 2cm

作り方

1 豚肉はひと口大に切る。

2 耐熱容器に**1**と凍ったままのあさり、Aを入れてよく混ぜ、軽く水けをきった豆腐を手でひと口大にちぎって加える。

3 ふんわりとラップをかけ、電子レンジで5分加熱する。

4 器に盛り、粉唐辛子を振り、小ねぎをのせる。

あさりだしがきいた豆腐鍋をレンチンで。あさりは冷凍のむき身タイプでも十分に旨みがでます。

シャキシャキ野菜と
卵のハーモニー

ユ ッ ク ジ ャ ン

辛さのレベル

牛肉と野菜を煮込んだボリュームたっぷりのピリ辛スープ。

卵を加えることで辛さがマイルドに。

材料（1人分）

牛こま切れ肉	50g
もやし	30g
にら	2本
卵	1個

A　水 ………… 200mL
　　顆粒鶏がらスープの素・
　　コチュジャン
　　　　　　　　各小さじ1
　　しょうゆ・砂糖・ごま油
　　　　　　　　各小さじ½
　　おろしにんにく ……… 2cm

作り方

1 にらは 2cm長さに切る。

2 耐熱容器に牛肉ともやし、1、A を入れてよく混ぜる。

3 溶きほぐした卵を加えて、ふんわりとラップをかけ、電子レンジで 5 分加熱し、器に盛る。

＋モ

もやしはひげ根を取るとシャキシャキ感がアップして、よりおいしくなります。

ハマるとクセになる
味と香り

チョングッチャンチゲ

辛さのレベル 🌶🌶🌶

材料（1人分）

納豆	1パック
豚バラ薄切り肉	50g
にら	4本
みそ・コチュジャン	各小さじ1
A　水	150mL
顆粒和風だし	小さじ⅓

作り方

1 豚肉とにらは2cm幅に切る。

2 耐熱容器に**1**と納豆、Aを入れ、ふんわりとラップをかけ、電子レンジで4分加熱する。

3 みそとコチュジャンを溶き入れ、器に盛る。

チョングッチャンは、大豆を発酵させて作る韓国のみそ。納豆とみそで代用し、レンチンでお手軽にアレンジ。

ツルツルわかめを
食べるスープ

ミヨックク

辛さのレベル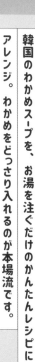

韓国のわかめスープを、お湯を注ぐだけのかんたんレシピにアレンジ。わかめをどっさり入れるのが本場流です。

材料（1人分）

乾燥わかめ ……… 大さじ1
長ねぎ（小口切り） ……… 2cm分
顆粒鶏がらスープの素・
　ごま油 ……… 各小さじ½
白いりごま ……… 少々
熱湯 ……… 150mL

作り方

1 器に乾燥わかめ、長ねぎ、顆粒鶏がらスープの素、ごま油を入れる。

2 熱湯を注ぎ、白いりごまを振る。

メモ

韓国では、お誕生日を迎える人が必ず飲むスープ。顆粒鶏がらスープの素を同量のダシダに代えて作るとより本格的な味になります。

とろけるチーズが
悪魔的な
おいしさ！

キムチポックンパ

辛さのレベル

材料（1人分）

ランチョンミート	50g
キムチ	100g
玉ねぎ	⅛個
ごはん	茶碗1杯分
ごま油	大さじ1
ピザ用チーズ	20g
卵	1個
A　コチュジャン	小さじ2
しょうゆ	小さじ½

作り方

1 ランチョンミート、キムチ、玉ねぎは1cm角に切る。

2 フライパンにごま油を中火で熱し、1を炒める。玉ねぎに火が通ったらごはんとAを加え、炒め合わせる。

3 チーズを加えてひと混ぜし、火を止めて器に盛る。

4 フライパンにサラダ油大さじ½（分量外）を中火で熱し、卵を割り入れて目玉焼きを作り、3にのせる。

＋モ

韓国では、ランチョンミートが大人気。贈答品の定番でもあります。

ハフハフ食べたい
スープかけごはん

カルビクッパ

辛さのレベル

体も心もあたたまる韓国のスープかけごはん。だしがきいた優しい味わいですが、後からしっかり辛みも感じます。

材料（1人分）

牛切り落とし肉		50g
大根		50g
にんじん		30g
にら		3本
卵		1個
ごはん		茶碗1杯分
A	水	200mL
	めんつゆ（3倍濃縮）	小さじ2
	コチュジャン・ごま油	各小さじ1
	顆粒和風だし	小さじ½
	おろしにんにく	1cm

作り方

1 大根とにんじんは細切りにし、にらは3cm長さに切る。

2 耐熱容器に**1**と牛肉、Aを入れてよく混ぜる。

3 溶きほぐした卵を加えて、ふんわりとラップをかけ、電子レンジで5分加熱する。

4 器に盛ったごはんに**3**をかける。

コク甘
ソースが
クセになる

맵지 않아!
辛くないよ！

チャジャン麺

材料（1人分）

チャジャン麺（液体ソースつき）	1袋
豚こま切れ肉	50g
玉ねぎ	¼個
キャベツ	½枚
塩	少々
コチュジャン	小さじ1
ごま油	小さじ2
きゅうり	適量
たくあん（スライス）	適量

真っ黒なソースは韓国ドラマの食事シーンでもおなじみ！今回は手軽な袋麺のソースにたっぷり具材を加えて、より本場の味に近づけました。

作り方

1 豚肉、玉ねぎ、キャベツは1cm角に切る。きゅうりはせん切りにする。

2 鍋にチャジャン麺の袋の表示どおりの水を入れて中火にかけ、沸騰したら麺とかやくを入れ、表示時間どおりゆでる。ゆで汁は捨てずに取っておく。

3 フライパンにごま油を中火で熱し、**1**の豚肉、玉ねぎ、キャベツを炒め、塩を振る。具材に火が通ったら**2**のゆで汁大さじ2とチャジャン麺の液体ソース、コチュジャンを加えてよく混ぜる。

4 湯をきった**2**を器に盛り、**3**をかけ、きゅうりをのせ、たくあんを添える。

本場の食べ方

 →

箸を1本ずつ両手に持って麺を持ち上げながら混ぜます。　よく混ざったらいただきます！

甘酸っぱくて
フルーティー

冷麺

暑い時期に食べたくなる冷麺ですが、韓国ではもともと冬に食べるものだったそう。スープの隠し味はレモン汁！

材料（1人分）

冷麺用の麺	1袋
きゅうり	¼本
キムチ	30g
ゆで卵（半熟）	1個
白いりごま	適量
A　水	200mL
酢・しょうゆ	各大さじ1
レモン汁・顆粒鶏がら	
スープの素	各大さじ½
砂糖・コチュジャン	各小さじ½

作り方

1 Aはよく混ぜ合わせ、冷蔵室で冷やしておく。

2 きゅうりはせん切りにする。

3 冷麺は袋の表示時間どおりゆで、ザルにあげ、流水でよく洗い、水けをよくきる。

4 器に**3**を盛り**1**をかけ、**2**、キムチ、半分に切ったゆで卵をのせ、白いりごまを振る。

冷麺用の麺
なめらかな口当たりと弾力が特徴。小麦粉にそば粉がミックスされている。

あと引く
辛さが
魅力

ビビン冷麺

辛さのレベル

冷麺をコチュジャンベースのたれで和えた汁なしピリ辛麺。ハムやせん切りにしたりんごなどをのせてもおいしい。

材料（1人分）

冷麺用の麺	1袋
チャーシュー	2〜3枚
きゅうり	⅓本
温泉卵	1個
糸唐辛子	適宜
A コチュジャン	大さじ1
酢・砂糖・白すりごま	各小さじ2
しょうゆ・みりん・ごま油	各小さじ1

作り方

1 きゅうりは縦半分に切ってから斜め薄切りにする。

2 冷麺は袋の表示時間どおりゆで、ザルにあげ、流水でよく洗い、水けをよくきってAで和える。

3 器に**2**を盛り、**1**とチャーシュー、温泉卵をのせ、あれば糸唐辛子を飾る。

あのドラマの あの料理

韓国ドラマでよく描かれる食事シーン。しばしば物語の鍵を握るものであったり、大切な何かを象徴していることもあります。また、そうでなくてもおいしそうな料理をおいしそうに食べる姿は単純に食欲がそそられますよね。ここでは印象的な料理が登場するドラマをいくつかご紹介します。

※情報は執筆時点のものです。

レシピは P.115

『賢い医師生活』

放送年：2020年　キングレコードより日本盤サウンドトラックが発売中。

1999年に大学の医学部で出会った5人の男女。それぞれが医師となり、20年来の友人となった彼らの絆と日常を描き、視聴者を号泣の渦に巻き込んだヒューマンドラマ。

主人公たちが愛する友情のサムギョプサル

毎話必ず食事のシーンが登場する本作。特にサムギョプサルは、主人公たちが愛してやまないメニュー！ 特に、「먹깨비（モッケビ）＝食べる鬼」と称される登場人物のソンファ（チョン・ミド）は、お肉が焼けるのが待ちきれないほどの食いしん坊。彼女が豚肉をえごまの葉でくるくると巻いて食べる姿は、ドラマを観ている私たちのお腹も鳴ってしまうほど魅力的。

『酒飲みな都会の女たち』

放送年：2021年　Lemino独占配信中

「今日飲むべき酒を先延ばしにするな！」がモットー！ 酒好きなアラサー女子3人組が織りなす、笑いあり涙ありのヒューマンドラマ。

『彼女はキレイだった』

放送年：2015年　U-NEXT配信中

昔は優等生の美少女、今は残念女子となってしまったヘジン。そんな自分が恥ずかしく、初恋相手との再会で思わず別人だと偽ってしまい……。大ヒットラブコメディ！

レシピは P.23

酒飲み女子3人組の4人目のメンバー、タッパル

放送作家、折り紙クリエイター、ヨガインストラクターと職業も個性もバラバラな3人をつなぐのは、なんといっても"酒"！ そんな彼女たちがよく頼む酒の肴のひとつがこの「タッパル」です。コチュジャンで手を赤く染めながら、豪快にかぶりつく姿は見ていて気持ちがよくなるほど。好相性のソジュ（韓国焼酎）も次々と空になっていきます。

たくあんで笑いをとる、涙ぐましい姿にほろり

主人公ヘジン（ファン・ジョンウム）のことをなにかと気にかけてくれる先輩のキム記者（チェ・シウォン）。ヘジンが落ち込んでいるときは、いつも笑いで励まそうとしてくれます。特に食事シーンで、たくあんを使って笑わせようと、あれこれ試みる姿は爆笑必至。でも、彼の真意を知るとちょっと切なくて……。観終わる頃には、たくあん＝キム記者の印象になること間違いなし！

먹어보고 싶어?
（食べてみたい?）

『夫婦の世界』

放送年：2020年　U-NEXT配信中

順風満帆な生活を送っていた女医のソヌだが、1本の髪の毛がきっかけで夫の浮気に気づく。日本でもリメイクされた衝撃の復讐劇！

浮気疑惑の旦那へ贈るカルビチム

主人公ソヌ（キム・ヒエ）の夫テオ（パク・ヘジュン）の浮気疑惑が浮上したその日は、偶然にも彼の誕生日。ソヌは気持ちが晴れないままカルビチムを煮込みます。手間暇がかかることから、韓国では愛情を込めた一品とされるカルビチム。しかし本作では、愛情ではなく疑念を込めた料理に……。とはいえ、肉汁がジュワッとしたたるカルビがおいしそうに描かれ、食べ物に罪はないことを再認識！

レシピは P.19

『ユミの細胞たち シーズン 2』

放送年：2022年　Prime Video独占配信中

都会に暮らすアラサー女子ユミの恋と日常のモヤモヤをリアルに描いたラブコメディ。かわいい 3D アニメと融合した演出も話題となりました。

レシピは P.87

彼パパが作るトッポギがウマすぎて足ドン！

「もしかして御曹司！?」と緊張しながら、主人公ユミ（キム・ゴウン）が訪れた彼氏バビ（ジニョン）の実家に掲げられていたのは「バビ粉食」の看板。韓国ではトッポギやおでんなどを扱う庶民的な軽食店を「粉食」とよびます。ほっと安心するユミに無愛想なバビの父親が作ってくれたのがトッポギ。そのおいしいこと！ 思わず身体をよじらせ、足をドンドンしながら大皿のトッポギを完食するのでした。

『サム、マイウェイ ～恋の一発逆転!～』

放送年：2017年　U-NEXT配信中

友達以上、恋人未満の関係を長く続けてきた男女。一度は諦めた夢への再挑戦をきっかけに、2 人の関係も変わり始める。等身大の若者をテンポよく描いた青春ラブコメ！

作ってあげたいキムチポックンパ

子どもの頃からシンデレラより三国志の張飛を愛するエラ（キム・ジウォン）は性格も作る料理も豪快！ ……なのですが、ある日の彼女が作ったキムチポックンパは、幼なじみのドンマン（パク・ソジュン）も驚くほどの美しい佇まい。2 人の関係の変化を料理で表した印象的なシーンです。ちなみにパク・ソジュンの得意料理もキムチポックンパなんだとか！

レシピは P.30

대박
テバッ！

PART 2

やみつき激ウマ
韓国版ずぼら飯

豆知識 **대박 (テバッ)** 韓国語で「やばい」の意味。日本語と同じニュアンスで、ポジティブ・ネガティブ両方の意味で使われます。

疲れて帰宅したとき、時間がないとき、

料理を作る気力が湧かないとき、

それでも「おいしくお腹を満たしたい」気持ちは万国共通。

秒速で作れるぶっかけごはんから、

ひと皿で大満足の麺類、ささっと作れるおつまみまで、

激ウマアイデア料理の数々をご紹介。

焼いたキムチが
アクセント

미쳤네～
おいしすぎ～

ケランパプ

辛さのレベル

日本ではごはんに生卵をのせるTKG（卵かけごはん）ですが、韓国では目玉焼きをのせるのが定番。キムチは加熱すると酸味が旨みに変わります。

材料（1人分）

ごはん	茶碗1杯分	ごま油	小さじ2
卵	1個	韓国海苔	2〜3枚
キムチ	30〜40g	しょうゆ	適量

作り方

1. フライパンにごま油の半量を入れて中火で熱し、卵を割り入れて半熟の目玉焼きを作る。フライパンのあいたところに残りのごま油とキムチを入れて軽く焼く。

2. 器に盛ったごはんにとちぎった韓国海苔をのせ、しょうゆをかける。

よ〜く混ぜて！

バリエ

悪魔のTKG

焼き肉のたれは好みのもので。
ごはんがもう止まりません！

材料（1人分）

ごはん	茶碗1杯分
キムチ	60g
焼き肉のたれ	大さじ½
ごま油・白いりごま	各小さじ1
韓国海苔	2〜3枚
温泉卵	1個
小ねぎ（小口切り）	適量

作り方

1. 器にごはん、キムチ、焼き肉のたれ、ごま油、白いりごまを入れてよく混ぜる。

2. ちぎった韓国海苔を散らし、中央に温泉卵をのせ、小ねぎを散らす。

ごはんがサラサラすすんじゃう！

辛さのレベル

ムルマルンパプ

辛さのレベル

材料（1人分）

ごはん ── 茶碗1杯分
しらす・キムチ・しば漬け・
　ごま昆布の佃煮　各適量
氷 ──── 2〜3個
ミネラルウォーター　適量

作り方

1 ごはんは水で洗ってぬめりを取り、水けをきる。

2 器に**1**と氷を盛り、ミネラルウォーターをかけ、しらす、キムチ、しば漬け、ごま昆布をのせる。

暑い時期にはたまらない、ごはんに冷水をぶっかける究極のずぼら飯！ お茶漬けならぬ、"お水漬け"です。

＋モ

具材はお好みで。ほかにはチャンジャやカクテキ、たくあん、ツナや鮭フレークなど、塩けの強いものがおすすめです。

もったり食感の
ピリ辛丼

ヨーグルトキムチ丼

辛さのレベル

発酵食品同士の意外でおいしい組み合わせ。
もったりとしたヨーグルトが、濃厚なクリームチーズのよう！

材料（1人分）

ごはん	茶碗1杯分
冷凍オクラ	大さじ2
ギリシャヨーグルト（無糖）	大さじ2〜3
キムチ	30g
ごま油	適量

作り方

1 冷凍オクラは袋の表示どおりに解凍する。

2 器に盛ったごはんにヨーグルト、キムチ、**1**をのせ、ごま油を回しかける。

＋モ

市販のギリシャヨーグルトの代わりに、
水きりヨーグルトを使用しても OK です。

ねっとり
濃厚

チャンジャ丼

辛さのレベル

チャンジャと卵黄の名コンビ。よく混ぜてからいただきます。

韓国海苔で巻きながら食べるとよりおいしい！

材料（1人分）

ごはん	茶碗1杯分
小ねぎ（小口切り）	大さじ4〜5
チャンジャ	50g
卵黄	1個
白いりごま	適量

作り方

1 器に盛ったごはんに小ねぎをたっぷりのせる。

2 中央にチャンジャと卵黄をのせ、白いりごまを振る。

巻いて食べる！

チャンジャ
塩漬けにしたタラの胃や腸を唐辛子やにんにく、砂糖などの調味料で味つけした塩辛。

酸味のある
ピリ辛ソース

フェドッパプ

材料（1人分）

ごはん	茶碗1杯分
白身魚の刺身	80g
かいわれ菜	⅓株
大葉	3枚
A コチュジャン・酢・はちみつ	各小さじ1
ごま油・粉唐辛子	各小さじ¼
おろしにんにく	少々

作り方

1 刺身は食べやすい大きさに切る。かいわれ菜は根元を切り落として半分に切り、大葉は手でちぎる。

2 器に盛ったごはんに**1**を合わせてのせ、よく混ぜ合わせた**A**をかける。

メモ

韓国語で「ごはん」を意味する単語が「밥（パプ）」。「ビビンパ」「キンパ」「ポックンパ」「クッパ」など、日本語では「パ」と表記されることが多いですが、「パプ」に近い発音です。

どさっとお刺身をのせた海鮮丼。コチュジャンと酢を混ぜて作るチョコチュジャン（チョジャン）が味の決め手です。

クリーミーで
辛さも控えめ

ロゼ辛ラーメン

辛ボナーラ

맛있겠다～

生クリーム
なしでも
濃厚！

豆知識 **맛있겠다**（マシッケッタ） 韓国語で「おいしそう」の意味。おいしそうな料理を前にしたら声に出さずにはいられない！

ロゼ辛ラーメン

辛さのレベル 🌶🌶🌶

「辛ラーメン」を使ったさまざまなアレンジ料理は、韓国のみならず日本でも大人気です。ロゼ（バラ）色がかわいいときめくアレンジ。

材料（1人分）

辛ラーメン	1袋
玉ねぎ	¼個
ソーセージ	3本
オリーブオイル	小さじ2
ピザ用チーズ	30g
ドライパセリ	適量
A 牛乳	500mL
コチュジャン	小さじ½

作り方

1 玉ねぎは薄切り、ソーセージは斜め薄切りにする。

2 フライパンにオリーブオイルを中火で熱し、**1**を炒める。

3 玉ねぎがしんなりしたら**A**を加え、ひと煮立ちしたら辛ラーメンの麺と粉末スープ、かやくを加える。

4 袋の表示時間どおり煮たらチーズを加えてひと煮立ちさせ、ドライパセリを振る。

辛ボナーラ

辛さのレベル 🌶🌶🌶

「辛ラーメン」を辛いカルボナーラにアレンジしました。温泉卵をあとのせすれば、失敗知らずで濃厚な味わいに。

材料（1人分）

辛ラーメン	1袋
ベーコン	1枚
ピーマン	1個
バター	10g
温泉卵	1個
粉チーズ・黒こしょう	
	各適量
A 牛乳	200mL
水	100mL
粉チーズ	大さじ1

作り方

1 ベーコンは1cm幅、ピーマンは縦半分に切ってヘタと種を取り、横5mm幅に切る。

2 鍋にバターを中火で熱し、**1**を炒める。ベーコンに焼き色がついたら**A**を加える。

3 ひと煮立ちしたら辛ラーメンの麺と粉末スープ、かやくを加え、袋の表示時間どおり煮る。

4 **3**を器に盛り、中央に温泉卵をのせ、粉チーズと黒こしょうを振る。

ヒーヒー辛い
激辛麺

汁なし辛ラーメン)))

辛さのレベル

材料（1人分）

辛ラーメン	1袋
長ねぎの緑の部分	
（小口切り）	適量
卵黄	1個
水	400mL

辛さを和らげる
卵黄

作り方

1 鍋に分量の水を入れて火にかけ、沸騰したら辛ラーメンの麺とかやく、半量の粉末スープを加え、強火で煮る。

2 水分が少なくなったら、残りの粉末スープを加えて、混ぜながらさらに水分をとばす。

3 器に盛り、長ねぎをたっぷりのせ、中央に卵黄をのせる。

辛いもの好きの方にぜひ挑戦して欲しいアレンジ。粉末スープの旨みを、余すことなく麺に吸わせました。

あつあつ
辛ウマ！

チーズ辛プデチゲ

辛さのレベル 🌶🌶🌶

定番の鍋料理「プデチゲ」も、「辛ラーメン」の粉末スープで味つけすればお手軽に。ボリューム満点です。

材料（1人分）

辛ラーメン	1袋
ハム	3枚
もやし	100g
にら	¼束
キムチ	50g
ピザ用チーズ	30g
水	500mL

鍋のまま食べたい！

作り方

1 ハムは放射状の6等分、にらは4cm長さに切る。

2 分量の水に辛ラーメンの粉末スープとかやくを加えてよく混ぜる。

3 鍋に辛ラーメンの麺を割り入れ、**1**、もやし、キムチを加え、**2**を注いで中火にかける。

4 沸騰したら袋の表示時間どおり煮てチーズを加え、さらにひと煮する。

あっさりスープに
ツルツル麺

コングクス

辛さのレベル

材料（1人分）

そうめん	100g
きゅうり	¼本
ハム	2枚
キムチ	30g
ごま油	小さじ1
白すりごま	小さじ1
A　無調整豆乳	200mL
塩	ひとつまみ

作り方

1 Aはよく混ぜ合わせ、冷蔵室で冷やしておく。

2 きゅうりはせん切り、ハムは半分に切ってせん切りにする。

3 そうめんは袋の表示時間どおりゆでて冷水にさらし、水けをきって器に盛り、1を注ぐ。

4 2とキムチをのせ、白すりごまを振り、ごま油を回しかける。

あさりだしが
染みる！

カルグクス

材料（1人分）

冷凍うどん	1玉
冷凍あさり（むき身）	30g
卵	1個
小ねぎ（小口切り）	適量
白いりごま・ごま油	
	各適量

A
水	200mL
顆粒鶏がらスープの素	
	小さじ2
酒	小さじ1
おろしにんにく	少々

作り方

1 鍋に A と凍ったままのあさりを入れて中火にかけ、沸騰したら溶きほぐした卵を回し入れる。

2 冷凍うどんは袋の表示どおり加熱して器に盛り、**1**をかける。小ねぎを散らし、白いりごまを振り、ごま油を回しかける。

 メモ

「국수（ククス）」は麺を使った韓国料理の総称。日本のそうめんやうどんと同じく小麦が原料のククスがよく食べられています。ちなみに日本式のうどんは韓国語でも「우동（ウドン）」とよびます。

韓国式のうどん。さまざまな味がありますが、ここでは定番のあさりスープでレシピを紹介します。

じわとろ
バターは
幸せの味

ツナとキムチの
コチュジャンパスタ

辛さのレベル

材料（1人分）

スパゲティ	100g
キムチ	80g
ツナ缶（オイル漬け）	1缶（80g）
バター	10g
青海苔	適量
A　水	250mL
コチュジャン	大さじ1
顆粒鶏がらスープの素	小さじ½
おろしにんにく	2cm
塩	少々

作り方

1 耐熱容器に半分に折ったスパゲティを入れ、キムチをのせる。ツナを缶汁ごと入れ、Aを加える。

2 フタやラップをせずに、電子レンジでスパゲティのゆで時間＋3分加熱する。

3 電子レンジから取り出し、水分をとばすようによく混ぜる。

4 器に盛り、バターをのせ、青海苔を振る。

これでレンチン

レンチンで作るコチュジャンソースの甘辛パスタ。バターと青海苔のトッピングがおしゃれ！

真っ赤な
華やかパスタ

粉唐辛子の
アーリオ・オーリオパスタ

辛さのレベル

材料（1人分）

スパゲティ	100g
ソーセージ	3本（60g）
キャベツ	1枚（50g）
粉唐辛子	適量
A 水	250mL
オリーブオイル	大さじ½
顆粒鶏がらスープの素	小さじ½
おろしにんにく	5cm

これでレンチン

作り方

1 ソーセージは1cm幅、キャベツは1cm四方に切る。

2 耐熱容器に半分に折ったスパゲティを入れて、**1**をのせ、**A**を加える。

3 フタやラップをせずに、電子レンジでスパゲティのゆで時間＋3分加熱する。

4 電子レンジから取り出し、水分をとばすようによく混ぜる。

5 器に盛り、粉唐辛子をたっぷりかける。

オイル系パスタは韓国でも人気。仕上げに粉唐辛子をたっぷりかければ、赤が映えるパスタの完成です。

コク旨な
おつまみサラダ

さっぱり
しょうが風味

キムチのカムジャサラダ

キムチのコクが加わり、シンプルながらおいしい！

じゃがいもとキムチ、材料2つで作るポテトサラダです。

材料（1人分）

じゃがいも	大 1個（150 g）
キムチ（ざく切り）	30 g
A　マヨネーズ	大さじ 1と ½
塩・こしょう	各少々

作り方

1 じゃがいもは皮ごとよく洗い、濡らしたキッチンペーパーを巻いてからラップで包み、電子レンジで3分加熱する。

2 やけどに注意しながら **1** の皮をむいてボウルに入れ、木べらで粗くつぶす。**A** とキムチを加えて混ぜ、器に盛る。

辛さのレベル

蒸しなすの薬味じょうゆがけ

なすをレンチンして薬味しょうゆをかけるだけ。

冷蔵庫で冷やしてから食べるのもおすすめです。

材料（1人分）

なす	大 1本（100 g）
A　しょうゆ・酢・白いりごま	各小さじ 1
砂糖・ごま油	各小さじ ½
おろししょうが	1cm

作り方

1 なすはピーラーでところどころ皮をむき、ラップで包み、電子レンジで3分加熱する。

2 粗熱が取れたら食べやすく切って器に盛り、よく混ぜ合わせた **A** をかける。

辛さのレベル

ごはんにも、
お酒にも合う！

酸っぱくて
甘辛い
やみつきだれ

チキンときゅうりのチョジャンがけ

あっさりとしたサラダチキンに、甘酸っぱくて濃厚なたれをかけて。きゅうりの歯ごたえも楽しい1品です。

材料（1人分）

サラダチキン	½枚
きゅうり	½本
A　コチュジャン・砂糖・酢	各大さじ ½
白すりごま	小さじ 1
ごま油	小さじ ½

作り方

1 サラダチキンは食べやすい大きさに手で裂く。きゅうりは端を切り落とし、麺棒で叩いて食べやすい大きさに手で割る。

2 器に**1**を合わせて盛り、よく混ぜ合わせた A をかける。

辛さのレベル 🌶🌶

さきいかのコチュジャン和え

辛さのレベル 🌶🌶

韓国おつまみの定番！噛み締めるたびに旨みが広がるさきいかをコチュジャンで和えました。

材料（1人分）

さきいか	20 g
ごま油	小さじ 1
白いりごま	適量
A　コチュジャン・はちみつ	各小さじ 1
しょうゆ	小さじ ⅓
おろしにんにく	少々

作り方

1 さきいかは長いものがあれば、半分に切る。

2 ボウルに**1**とごま油を入れてなじませ、よく混ぜ合わせた A を加えて和える。

3 器に盛り、白いりごまを振る。

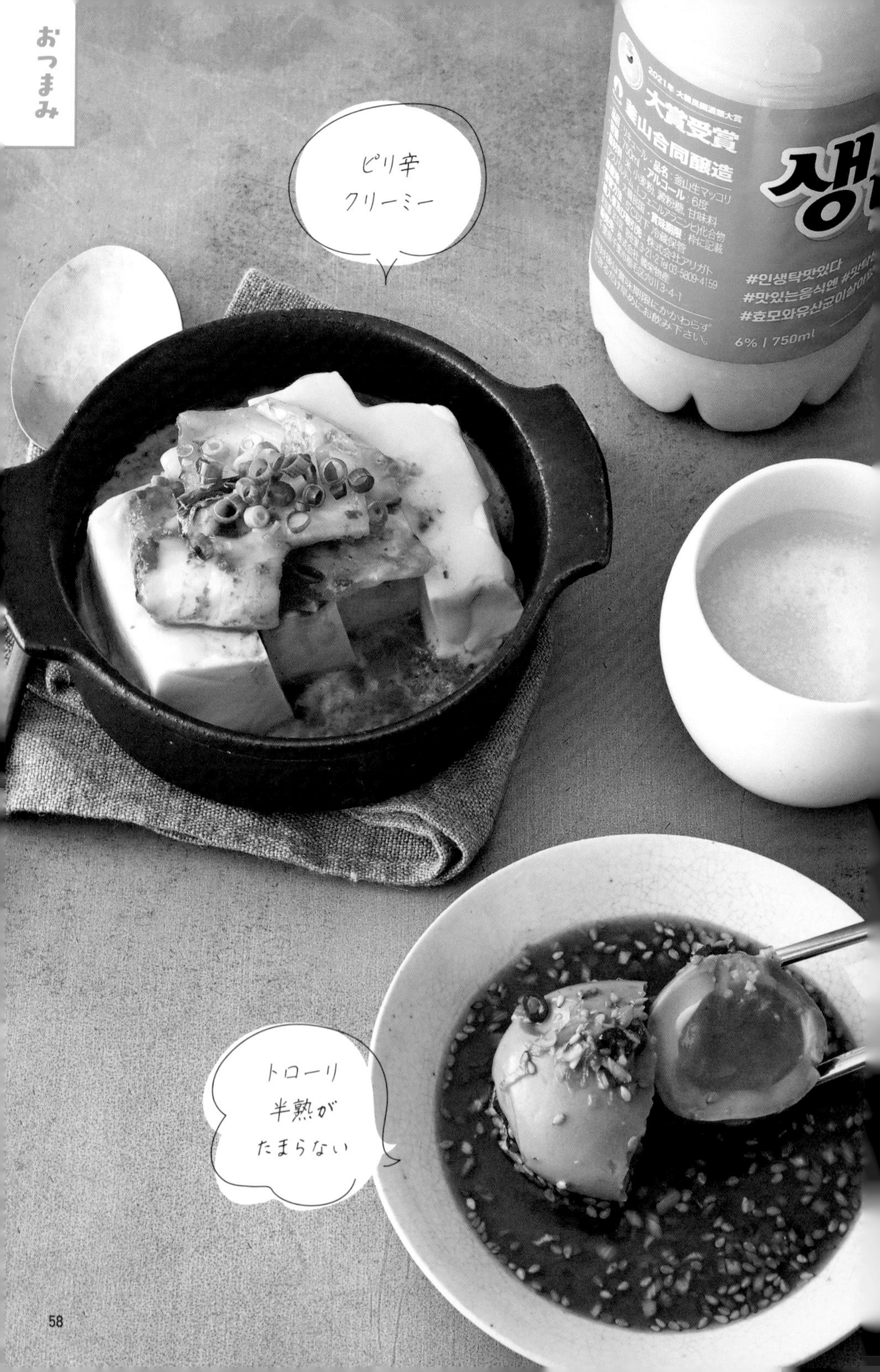
ピリ辛
クリーミー
トローリ
半熟が
たまらない
大賞受賞
釜山合同醸造
6% | 750ml

キムチチーズの温やっこ

辛さのレベル

キムチとチーズを絡めながらお豆腐をいただきます。

レンチンですぐできる温かいおつまみ。相性抜群な

材料（1人分）

絹豆腐	½丁(150g)
キムチ	40g
ピザ用チーズ	20g
ごま油・小ねぎ(小口切り)	各適量

作り方

1 豆腐は軽く水けをきって4等分に切る。

2 耐熱皿に**1**とキムチ、チーズをのせ、ふんわりとラップをかける。

3 電子レンジで1分30秒加熱し、ごま油を回しかけ、小ねぎを散らす。

カンジャンケラン

しょうゆだれに漬けた味つけ卵。やみつきになるおいしさのため、カンジャンケラン（麻薬卵）とよばれています。

材料（作りやすい分量：2個分）

卵		2個
A	長ねぎ(みじん切り)	¼本分
	しょうゆ・水	各50mL
	砂糖	大さじ1
	白いりごま	大さじ½
	ごま油・赤唐辛子(小口切り)	各小さじ½
	おろしにんにく	1cm

作り方

1 卵は丸みのある方にピンなどで穴を開け、沸騰した湯に入れ、中火で7分ゆでる。ゆであがったらすぐ冷水に取り、水の中で殻をむく。

2 ポリ袋に**1**とAを入れ、袋の口を縛って冷蔵室でひと晩おく。

辛さのレベル

チュク トゥリキョ
쭉 들이켜!
ぐいっと飲み干せ!

韓国お酒事情

韓国では、人々の暮らしの中に、お酒を楽しむ文化が根づいています。人気の韓国ドラマの中でも、友人や会社の同僚たちと賑やかにお酒を飲むシーンがよく登場しますね。そんなとき、日本の酒席とは少し異なる登場人物の振る舞いに気づくことはありませんか？ ここでは韓国のお酒の場でのマナーなど、気になるお酒事情についてご紹介します。

韓国の飲み会のマナーが知りたい！

乾杯は、一度の飲み会で10回以上!?

日本の乾杯は、飲み会開始の合図の1回きりのことが多いですが、何度でもグラスを合わせるのが韓国スタイル。場が静かになってくると、仕切り直すように乾杯の音頭がとられます。乾杯の発声は、フォーマルな「건배（コンベ）」と、カジュアルな「짠（チャン）」の2種類があります。

グラスが空になってから
次のお酒を注ぐのがマナー

お酌をするときは、日本ではグラスが空になる前に注ぎ足しますが、それは韓国ではNG。グラスが空になるまで待つ＝相手の飲酒ペースを尊重することで、相手への敬意を表すそう。必ず相手のグラスが空になってから注ぎましょう。

お酒の席でも目上の人への敬意は忘れずに

どんなときでも目上の人への敬意を忘れないのが韓国人の美徳。酒席でも、まず目上の人へお酌をし、グラスに口をつけるのも目上の人が先。また、目上の人の前でお酒を飲むときは、顔を横にして、相手から口元が見えないよう手で隠しながら飲みます。

韓国ではどんなお酒が人気？

クラフトビールやワインも人気！

韓国の人はお酒に強く、たくさん飲むイメージがあります。実際、15歳以上人口における1人当たりの年間アルコール消費量は10.2L[※]。日本8.0L、アメリカ9.8Lと比べるとその量の多さがわかりますね。伝統的なマッコリやソジュ（韓国焼酎）、ビールがよく飲まれているほか、最近は若者を中心にクラフトビールやワインも人気だそう！ ……もちろん、飲めない人も普通にいます。

※ WHO「Global status report on alcohol and health 2018」参照

チキンとビールが鉄板の組み合わせ

「치맥（チメク）」という言葉をご存知ですか？ これは、「치킨（チキン）」と、ビールを意味する「맥주（メクチュ）」、それぞれの頭文字をとって造語にしたもの。韓国のお酒好きにはたまらない、鉄板の組み合わせです。ほかにもチヂミにマッコリ、サムギョプサルにソジュなども、定番の組み合わせとされています。

作っても、飲んでも。爆弾酒が楽しすぎ！

爆弾酒の作り方　ソジュ：ビール＝3：7（もしくは2：8）

① ソジュを入れて、ビールを注ぐ。

② グラスにスプーンもしくはマドラーを入れて、それを叩く。

③ ぶくぶく泡が立ち上がったら完成！

「爆弾酒＝폭탄주（ポクタンジュ）」とは、ソジュをビールで割ったもの。ソジュとメクチュ（ビール）の頭文字をとって「소맥（ソメク）」ともよばれます。面白いのは、作り方のパフォーマンスの豊富さ！ あえてビールを振って泡を噴き出させながら注いでみたり、ビールジョッキを並べ、そのふちに並べてのせたソジュグラスをドミノのように倒しながら注ぎ入れたり……詳しく知りたい方はぜひ動画投稿サイトなどで検索してみてください。

웰빙
ウェルビン！

PART3

野菜たっぷり
作りおき

豆知識 웰빙 (ウェルビン) 「健康によい」の意味。英語の well-being (ウェルビーイング) がそのまま韓国語になっています。

野菜たっぷりで健康や美容にもよい韓国料理。

ナムルや即席キムチは、作りおきしておくと便利です。

特にナムルは、キンパやチャプチェなど、

定番の韓国料理にアレンジできることも魅力。

おいしく食べて韓国アイドルみたいに美しくなれる!?

ナムル

にんじんのナムル

きのこのナムル

ほうれん草のナムル

アレンジも自在な常備菜

韓国では、どの家庭でも冷蔵室に数種類を作りおきしているというナムル。すぐ食べられる1品としてだけではなく、ビビンパやチヂミ、チャプチェなど、さまざまな料理にアレンジ可能！

もやしのナムル

ムセンチェ

それぞれのレシピは次のページから紹介！

にんじんのナムル

保存の目安　冷蔵室で5日

辛さのレベル

ごま油がにんじんの甘みを引き立てます。キンパやビビンパの彩りとしても欠かせない。

材料（作りやすい分量）

にんじん —————— 1本（200g）
A　白すりごま ————— 小さじ2
　　しょうゆ・ごま油
　　———————— 各小さじ1
　　おろしにんにく ————— 1cm

作り方

1　にんじんはせん切りにする。

2　耐熱容器に1を入れ、ふんわりとラップをかけ、電子レンジで3分加熱する。

3　Aを加えて和える。

きのこのナムル

保存の目安　冷蔵室で5日

辛さのレベル

食物繊維豊富なきのこをいろいろ使って。旨み成分たっぷり！

材料（作りやすい分量）

しめじ ——————— 100g
えのきたけ —————— 100g
しいたけ ——— 2〜3枚（50g）
A　白いりごま ————— 小さじ2
　　しょうゆ・ごま油
　　———————— 各小さじ1
　　顆粒鶏がらスープの素
　　————————— 小さじ½
　　おろしにんにく ————— 1cm

作り方

1　しめじは根元を切ってほぐし、えのきは長さを半分に切る。しいたけは薄切りにし、軸は手で裂く。

2　耐熱容器に1を入れ、ふんわりとラップをかけ、電子レンジで3分加熱する。

3　水けをよくきり、Aを加えて和える。

ほうれん草のナムル

保存の目安　冷蔵室で5日

辛さのレベル

ごはんのお供に、お酒のつまみに。無限に箸がすすむ！

材料（作りやすい分量）

ほうれん草 ———— 1束（200g）
A　白すりごま ————— 小さじ2
　　しょうゆ・ごま油
　　———————— 各小さじ1
　　おろしにんにく ————— 1cm

作り方

1　ほうれん草はよく洗って半量ずつ茎と葉の向きを互い違いにしてラップで包み、電子レンジで3分加熱し、水にさらす。

2　水けをしっかりしぼって3cm長さに切る。

3　ボウルに2とAを入れ、和える。

もやしのナムル

保存の目安　冷蔵室で5日

辛さのレベル

シャキシャキ食感が楽しい。水けをしっかりきることがおいしく作るコツ。

材料（作りやすい分量）

もやし ──────── 1袋（200g）
小ねぎ（小口切り） ──────── 適量
A　白すりごま ──────── 小さじ2
　　ごま油・しょうゆ
　　　　　　　　 ──────── 各小さじ1
　　顆粒鶏がらスープの素
　　　　　　　　 ──────── 小さじ½
　　おろしにんにく ──────── 1cm

作り方

1 耐熱容器にもやしを入れ、ふんわりとラップをかけ、電子レンジで3分加熱する。

2 水けをよくきり、Aと小ねぎを加えて和える。

ムセンチェ

保存の目安　冷蔵室で5日

辛さのレベル

唐辛子を入れた大根なますです。甘酸っぱくてちょっぴり辛い。

材料（作りやすい分量）

大根 ──────── 300g
塩 ──────── 小さじ½
A　酢・砂糖 ──────── 各大さじ1
　　粉唐辛子 ──────── 小さじ1
　　塩 ──────── 小さじ¼

作り方

1 大根は繊維に沿ってせん切りにする。

2 ボウルに1を入れて塩でもみ、10分ほどおく。

3 水けをしっかりしぼり、Aを加えて和える。

ナムルの味つけ黄金比

野菜 200g ＋ 白すりごま 小さじ2 ＋ しょうゆ 小さじ1 ＋ ごま油 小さじ1 ＋ おろしにんにく 1cm

好きな野菜でナムルを作ろう!

「나물（ナムル）」とは野菜をごま油や調味料で和えた「野菜の和え物」のこと。今回ご紹介したレシピのほかにもさまざまな野菜で作ることができます。アスパラやセロリ、みょうがなど、ぜひ好きな野菜でナムルを作ってみてください。

切った断面も
かわいい

배고파!

お腹がすいた！

アレンジ① チョボモンヌンキンパ

巻かずにパタパタと折りたたんで作る折りたたみキンパ。

人気の韓国ドラマにも登場し、「食べてみたい！」とSNS上で話題になりました。

材料（1人分）

好みのナムル（ほうれん草・にんじんなど）	計20g
卵	1個
サラダ油	小さじ1
ランチョンミート（5mm幅の薄切り）	2枚分
キムチ	10g
リーフレタス	½枚
焼き海苔	1枚
ごはん	80g
A　白いりごま・ごま油	各小さじ½
塩	ひとつまみ

作り方

1 ごはんにAを加え混ぜる。

2 フライパンにサラダ油を中火で熱し、卵を割り入れ両面焼きの目玉焼きを作る。その横でランチョンミートを焼き色がつくまで焼く。

3 焼き海苔を十字に4等分にするイメージで、1か所だけ中心までキッチンバサミで切り目を入れる。

4 3を切り目が上（奥）になるようにまな板などにおいて、右上にごはんを広げ、右下にランチョンミートとキムチ、左下にナムル、左上にレタスと目玉焼きをのせる（a）。

5 右上から順に3回折りたたみ（b）、ラップで包む。5分ほどおいてから、半分に切る。

海苔の切り目（写真の点線部分）が奥になるようにおいて具を並べます。

バタパタ 折りたたむ！

右上から時計回りに折りたたんでいきます。

よく混ぜた
ねっとり食感が
たまらない

辛さのレベル

アレンジ② ビビンパ

材料（1人分）

好みのナムル
·············· 計180〜240g
牛薄切り肉 ·············· 40g
焼き肉のたれ ·············· 大さじ1
ごはん ·············· 茶碗1杯分
卵黄 ·············· 1個分
コチュジャン ·············· 適量

作り方

1 フライパンに牛肉と焼き肉のたれを入れて合わせ、中火にかけ炒める。

2 器に盛ったごはんにナムルと**1**をのせ、中央に卵黄をのせる。

3 コチュジャンを添え、全体をよく混ぜて食べる。

本場の食べ方

スプーンの背で押すように混ぜ合わせます。

混ぜれば混ぜるほどおいしさがアップ。ごはんと具がよくなじみ、粘りけが出るまでしっかり混ぜ合わせて。

こってり
甘辛味

アレンジ③　ポックンパ

辛さのレベル

作りおきナムルを使えば、誰でもすぐおいしいチャーハンが作れます。味つけは焼き肉のたれでお手軽に。

材料（1人分）

好みのナムル（ほうれん草・
　ムセンチェなど）…… 計60g
豚ひき肉 ……………………… 80g
ごはん ………… どんぶり1杯分
ごま油 ……………………… 小さじ1
韓国海苔 …………………… 適量
A｜焼き肉のたれ … 小さじ2
　｜コチュジャン … 小さじ1

作り方

1 フライパンにごま油を中火で熱し、ひき肉を炒める。肉に火が通ったら、A を加える。

2 ごはんとナムルを加えて炒め合わせて器に盛り、韓国海苔をちぎって散らす。

もっちりチヂミに
辛旨ポン酢だれ

アレンジ④ チヂミ

辛さのレベル

材料（1人分）

好みのナムル（もやし・にんじんなど）

	計60g
ベーコン	2枚
ごま油	大さじ1
卵	1個
A　水	50mL
小麦粉	40g
片栗粉	20g
顆粒鶏がらスープの素	小さじ½
た　ポン酢・しょうゆ	各大さじ2
れ　ごま油	小さじ½
コチュジャン・白いりごま	各適量

作り方

1 ナムルとベーコンは1cm幅に切る。

2 ボウルに卵を割りほぐし、Aと**1**を入れてよく混ぜる。

3 卵焼き器にごま油を弱めの中火で熱し、**2**を流し入れ、アルミホイルをかぶせて、3〜4分ほど蒸し焼きにする。

4 焼き目がついたら裏返して、両面に焼き色がつくまで焼く。

5 食べやすく切って器に盛り、たれの材料を小皿に入れて添える。

卵焼き器を使えば、きれいな四角のチヂミがかんたんに作れます。焼き目がつくまで待ってから裏返して。

味が染みた
プリプリ春雨

辛さのレベル

アレンジ⑤ チャプチェ

炒めものと思われがちですが、実は和えもの。家族や友人が集まるお祝いの席に欠かせない料理。

材料（1人分）

好みのナムル（ほうれん草・
　にんじん・きのこなど）┄┄計90g
韓国春雨┄┄┄┄┄┄┄┄50g
牛薄切り肉┄┄┄┄┄┄┄50g
サラダ油┄┄┄┄┄┄┄小さじ1
塩・こしょう┄┄┄┄┄┄各少々
A　砂糖・しょうゆ・
　　ごま油┄┄┄┄┄各小さじ1

作り方

1 フライパンにサラダ油を中火で熱し、牛肉を炒め、塩、こしょうを振る。

2 春雨は袋の表示時間どおりゆで、ザルにあげ、水けをよくきって A で和える。

3 2にナムルと1を加えてよく混ぜる。

韓国春雨
さつまいものでんぷんで作られた春雨。ほんのり甘く、表面がツルツルしてコシが強い。

冷めても
おいしい!

アレンジ⑥ チュンゴン

辛さのレベル

材料（1人分）

好みのナムル（にんじん・きのこなど）
.... 計40g
春巻きの皮 2枚
大葉 2枚
スライスチーズ 1枚
水溶き小麦粉
大さじ1（水小さじ2＋小麦粉小さじ1）
サラダ油 大さじ3

作り方

1 チーズは半分に切る。

2 春巻きの皮の手前に**1**とナムルをおき、奥に大葉をのせて巻く。水溶き小麦粉をつけてとじる。

3 フライパンにサラダ油を中火で熱し、**2**を片面2分ずつ焼く。

しみじみウマい

アレンジ⑦ ケランクク

辛さのレベル 🌶

材料（1人分）

好みのナムル（ほうれん草・
　にんじんなど）────── 計60g
卵────────────── 1個
ラー油──────────── 適量
A　水──────────── 250mL
　顆粒鶏がらスープの素・
　　片栗粉────── 各小さじ1

作り方

1 鍋に A を入れて火にかけ、沸騰したら溶きほぐした卵を流し入れる。

2 器にナムルを入れ、**1**を注ぎ、ラー油を回しかける。

あと1品欲しいときに助かる卵スープ。ほっとする優しい味わいです。辛さはラー油で調節して。

＋モ

韓国語で卵は「계란（ケラン）」と「달걀（タルギャル）」の2つのよび方があります。意味は全く同じですが、料理名ではケランがよく使われます。

パリパリ
食感が
クセになる！

なんちゃってオイキムチ

辛さのレベル 🌶🌶🌶

材料（作りやすい分量）

きゅうり		2本
キムチ		40g
A	水	大さじ4
	顆粒和風だし	
		小さじ½
	塩	ひとつまみ

作り方

1 きゅうりはヘタとおしりの部分を切り落とし、ピーラーで3〜4か所皮をむき、長さを半分に切る。それぞれの両端を約1cm残し、中心が十字になるよう縦に切り込みを2本いれる(a)。

2 ポリ袋に**1**と**A**を入れ、袋の口をとじて冷蔵庫で1時間漬ける。

3 水けをきった**2**の切り目に粗く刻んだキムチを詰め、斜め半分に切る。

端まで
切らないように！

a

両端を切り落とさないように注意し、
中心に十字の切り込みを入れます。

浅漬けにしたきゅうりに、市販のキムチをはさむだけ。みずみずしいきゅうりとキムチの相性は抜群！

さっぱり
爽やかな酸味

辛さのレベル

大根とりんごの水キムチ風

材料（作りやすい分量）

大根		200g
りんご		⅙個
A	水	100mL
	酢	大さじ2
	はちみつ・塩	
		各小さじ1

作り方

1 大根は皮をむいて0.5～1㎝幅のいちょう切り、りんごは5㎜幅のいちょう切りにする。

2 ポリ袋に**1**と**A**を入れ（a）、袋の口をとじて冷蔵庫でひと晩漬ける。

韓国人でも辛いものが嫌いな人、苦手な人はもちろんいます。そういう人のことを「맵찔이（メプチリ）」とよぶそうです。

このままひと晩！

a

ポリ袋に入れて
冷蔵庫でひと晩
漬けます。

甘くて
ほんのピリ辛

ミニトマトのキムチ

辛さのレベル

材料（作りやすい分量）

ミニトマト ────── 1パック（12個）

A　しょうゆ・はちみつ・
　　白いりごま
　　──────── 各小さじ2
　　ごま油 ──────── 小さじ1
　　コチュジャン
　　──────────── 小さじ⅓
　　おろしにんにく ────── 1cm

作り方

1 ミニトマトはヘタを取って横半分に切る。

2 ボウルにAを入れてよく混ぜ、1を加えて和える。

切って和えるだけのお手軽キムチ。甘辛いコチュジャンが不思議とトマトの甘さを引き立てます。

サラダ感覚で楽しめる！

白菜のコッチョリ

辛さのレベル 🌶🌶

粉唐辛子を使った白菜の即席キムチ。白菜のみずみずしさが残り、辛みはありますが市販のキムチよりあっさり。

材料（作りやすい分量）

白菜 ⸺⸺⸺⸺⸺ ⅛株
塩 ⸺⸺⸺⸺⸺⸺ 小さじ½
A 粉唐辛子・酢・
　 ごま油・白すりごま
　 ⸺⸺⸺⸺⸺ 各大さじ½
　 おろしにんにく・おろし
　 しょうが ⸺⸺ 各2cm

作り方

1 白菜は 2cm幅のざく切りにする。

2 ボウルに **1** と塩を入れて軽く混ぜ、10 分ほどおく。

3 水けをしぼり、A を加えて和える。

＋モ

浅漬けのことを韓国語では「겉절이（コッチョリ）」と言います。釜山では、それが訛って「저레기（チョレギ）」とよばれているそう。日本ではサラダでおなじみですね。

キムチ こぼれ話

市販のキムチを選ぶときは 「キムチくん」を探せ！

日本のスーパーでも、さまざまな種類が売られているキムチ。せっかくなら韓国産のキムチを選んでみませんか？ 韓国産を見分けるコツは、この「キムチくんマーク」を探すこと。キムチくんマークは、「韓国産の材料を使って、韓国の伝統的な製法で作られた」ことを示す韓国政府公認の証です。しっかり熟成発酵された韓国産のキムチは乳酸菌がたっぷり！ 浅漬けのものに比べ、酸味がある味わいも特徴です。

Korean Traditional
KIMCHI
Fermented Food

発酵食品のキムチは 腸活にもおすすめ

熟成発酵されたキムチには、乳酸菌が多く含まれています。そのため、ヨーグルトなどと同様に、腸内で大腸菌などの悪玉菌の繁殖を抑え、腸内細菌のバランスを整える役割を果たします。また、キムチ×ヨーグルト、キムチ×チーズなど、発酵食品同士の組み合わせは、味の相性も抜群です！

キムチ作りの季節の訪れを 知らせる「キムチ前線」

韓国では、毎年11月から12月にかけて「キムチ前線」が発表されます。キムチ作りにおいて最も大切なのは温度管理。平均気温4℃以下、最低気温0℃以下が理想といわれています。キムチ前線は、キムチ作りに適した時季の訪れを気象情報会社がお知らせするもの。この発表を待って、韓国人はキムチを漬ける日を決めるのです。日本における「桜前線」のように、みんなが心待ちにしている季節の風物詩です。

キムチを酸っぱくなりにくくする裏技は？

生きた乳酸菌が豊富なキムチですが、その反面、空気に触れるとどんどん発酵がすすみ、酸味が強くなっていきます。キムチを酸っぱくなりにくくする裏技は、冷蔵庫のチルド室で保存すること！ 室温が約0度と低いため、発酵を遅らせることができるのです。また、冷凍してしまうのも手。冷凍するときは、ラップで小分けにし、保存袋に入れて。保存期間の目安は約1か月。食感は変わってしまいますが、スープの具にすればおいしくいただけます！

おいしく
使いきれる！

加熱すると酸っぱさも旨みに変わる！

発酵がすすんで、そのまま食べるには酸っぱくなってしまったキムチはどうすればいいのでしょうか。そんなときは、炒め物やスープにするなど、加熱調理してしまいましょう。加熱することで酸味が旨みに変わり、おいしく食べることができますよ。冷凍保存してシャキシャキ感がなくなってしまったキムチも、同様に加熱調理して食べることをおすすめします。

아이고
アイゴー！

PART4

映える
ビジュアル柔レシピ

豆知識 **아이고 (アイゴ)** 感嘆詞。喜怒哀楽を表すさまざまなシーンで使われ、「アイゴー」と語尾を伸ばすことが多い。

韓国料理はビジュアルも映える！

食べ歩きも絵になる屋台フードや、おしゃれカフェの絶品トースト、

フルーツたっぷりでカラフルなスイーツは、日本でも人気です。

思わず写真を撮りたくなるフォトジェニックな

メニューをおうちでも作ってみませんか？

甘じょっぱい
ジャンクな
おいしさ

미쳤네~

おいしすぎ~

コグマチーズハットグ

辛さのレベル 〰〰〰

材料（作りやすい分量：2本分）

ソーセージ	1本
さけるタイプのチーズ	1本
ホットケーキミックス	100g
牛乳	40mL
さつまいも	50g
パン粉	適量
揚げ油	適量
グラニュー糖	適量
ケチャップ	適量

のび〜るチーズが映える韓国のアメリカンドッグ。トッピングはケチャップと砂糖！ さらに角切りにしたさつまいも（コグマ）をまとわせました。

作り方

1 ソーセージとチーズは長さを半分に切って、竹串にそれぞれひと切れずつ刺す（a）。

2 ボウルにホットケーキミックスと牛乳を入れてゴムベラなどで混ぜ、生地がまとまったら2等分にする。

3 2を台などに広げて1を包み、1cm角に切ったさつまいもを生地に埋め込み、全体にパン粉をしっかりつける。

4 揚げ油を170度に熱し、ときどき返しながらきつね色になるまで3〜4分ほど揚げる。カリッと揚がったら、グラニュー糖をまぶし、ケチャップをかける。

ホットケーキミックス
ハットグ用のミックス粉も市販されていますが、ホットケーキミックスで代用できます。ホケミ万能！

かじるとのび〜る！

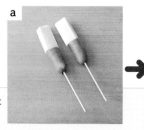

a

竹串にソーセージとチーズを刺します。

しっかり包む！

b

ホットケーキミックスの生地で包みます。

クセになる
甘辛ソース

お腹がすいた!

トッポギ

材料 (1人分)

トッポギ用の餅	100g
白いりごま	適量
A 水	100mL
コチュジャン	大さじ1
砂糖	大さじ½
しょうゆ・酒	各小さじ1
顆粒鶏がらスープの素	小さじ¼

作り方

1 フライパンに A とトッポギ用の餅を入れて中火にかける。

2 沸騰したら弱火で7〜8分ほど煮る。

3 器に盛り、白いりごまを振る。

おやつに軽食に、韓国で愛される屋台の定番メニュー。つまようじで刺して食べるのが本場流。腹持ちもよい1品です。

メモ

「떡（トック）」とよばれる韓国の餅は、トッポギ用のほかに、ななめ薄切りにしたタイプのものもあり、こちらは「떡국（トックク）」というスープ料理に使われます。

맛있겠다~

おいしそう~

甘い餡が
トロリ
おいしい

ホットク

材料（作りやすい分量：2枚分）

ホットケーキミックス		100g
片栗粉		大さじ2
水		50mL
サラダ油		大さじ2〜3
A	黒砂糖(粉末)	大さじ4
	くるみ(粗みじん切り)	20g
	片栗粉	小さじ1
	シナモンパウダー	小さじ½

平たい生地に甘い具を包んで食べる屋台スイーツの代表。韓国では生地を発酵させて作りますが、ホットケーキミックスを使えば発酵いらず。

作り方

1 ボウルにホットケーキミックスと片栗粉を入れてよく混ぜ、水を加えてゴムベラなどでさらに混ぜる。生地がまとまったら2等分にする。

2 生地を広げて混ぜ合わせた A を包む (a)。

3 フライパンにサラダ油を弱火で熱し、生地のとじ目が下になるように **2** を入れ、フライ返しで押しながら、両面に焼き色がつくまで焼く。

破れないように！

a

生地を広げて具を包みます。

メモ 片栗粉を加えることでとろみがついた餡になります。

찔어!

ほくほくヘルシー

豆知識 **찔어(チョロ)** 韓国語で「ハンパない」という意味。若者がよく使う言葉で、BTSの曲のタイトルにもなっています。

トルネードポテト

材料（1人分）

じゃがいも（メークイーン）	1個（150g）
オリーブオイル	大さじ1
塩	少々
顆粒コンソメ・粉チーズ・ドライパセリ	各適量

作り方

1 じゃがいもは皮つきのまま水でよく洗い、中心に割り箸を回しながら刺す。横向きにまな板におき、割り箸にあたる深さまで包丁を斜めに入れ、じゃがいもを回しながら5mm幅の切り込みを入れる（a）。

2 手で1の切り込みのすき間を広げて（b）耐熱皿にのせ、ふんわりとラップをかけ、電子レンジで1分30秒ほど加熱する。

3 2の全体にオリーブオイルを塗り、塩を振る。割り箸は焦げないようにアルミホイルで包む。トースター（1000W）で5分焼き、ひっくり返してもう5分焼く。

4 器に盛り、顆粒コンソメと粉チーズ、ドライパセリを振る。

くるくるしたビジュアルがかわいい屋台フードの定番。本来は油で揚げますが、レンチンとトースターを組み合わせて、かんたんヘルシーに作りました。

切れないよう慎重に！

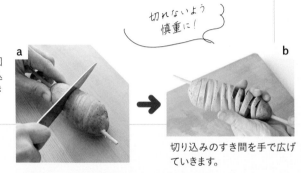

じゃがいもを回しながら切り込みを入れていきます。

切り込みのすき間を手で広げていきます。

パクパク
止まらない

コマキンパ

辛さのレベル

材料
（作りやすい分量：6本分）

きゅうり	½本
かに風味かまぼこ	4本
たくあん	20g
にんじんのナムル (P.66)	
	30g
焼き海苔（大判）	
	1と½枚
ごはん	茶碗1杯分
ごま油	適量
白いりごま	適量
A ごま油	小さじ1
塩	少々

作り方

1 きゅうりは縦6等分、たくあんはせん切り、かに風味かまぼこは縦に細かく裂く。

2 焼き海苔は1枚を4等分、½枚を2等分に切って6枚にする。ごはんにAを加えて混ぜる。

3 焼き海苔の手前⅔にごはんを広げ、**1**とにんじんのナムルをのせて（a）巻く。

4 焼き海苔の表面にごま油を薄く塗り、白いりごまを振る。

巻き簾いらず

a ごはんは海苔の手前⅔に広げて具をのせる。

食感も楽しい
やみつき
おにぎり

チュモッパ

辛さのレベル

材料 (1人分)

ごはん	どんぶり1杯分
鮭フレーク	大さじ2
マヨネーズ	大さじ1
たくあん (みじん切り)	
	大さじ1
小ねぎ (みじん切り)	
	大さじ1
韓国海苔 (手でちぎる)	
	2枚
白いりごま	大さじ1
ごま油	小さじ1

作り方

1 ボウルにすべての材料を入れて混ぜ合わせる。

2 1を6等分にしてラップで丸く成形し、器に盛る。

鮭フレークをランチョンミートに代えてもおいしい。

ラップでひと口サイズに丸めた悪魔のおにぎり。

+モ

食感が異なる具材を組み合わせて作るのがポイントです。

ワンパントースト

材料 (1人分)

食パン(6枚切り)	1枚
ハム	2枚
スライスチーズ(溶けるタイプ)	2枚
卵	2個
塩・こしょう	各少々
バター	10g
ベビーリーフ	適量

フライパンひとつで作るホットサンド。甘くないフレンチトーストのサンドイッチのイメージです。卵液を入れたら手早く焼いて時間勝負!

作り方

1 食パンとハム、チーズは半分に切る。

2 ボウルに卵を割り入れ、塩、こしょうを加えよく混ぜる。

3 フライパンにバターを入れて弱めの中火で熱し、2の卵液を流し入れてすぐに食パンをのせ、卵液をつけたらすぐ食パンを裏返す(a)。

4 卵が固まったら卵ごと食パンを裏返して、まわりの卵を内側に折りたたむ(b)。

5 チーズとハムをのせて食パンをたたみ(c)、焼き色がついたら裏返して両面を焼き、半分に切って器に盛り、ベビーリーフを添える。

ささっと手際よく!

卵液をつけたらすぐに食パンだけを裏返します。

固まったら卵ごと裏返し、まわりの卵を折りたたみます。

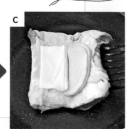

具をのせたら半分に折りたたみます。

なつかしい
素朴な味わい

辛さのレベル

イェンナルトースト

キャベツたっぷりの卵焼きを挟んだ、屋台で人気のB級グルメ。

ケチャップを塗ってから、砂糖を振りかけます。

材料（1人分）

食パン（8枚切り）	2枚
卵	2個
キャベツ	1枚
バター	10g
ハム	2枚
ケチャップ	大さじ1
砂糖	小さじ1

作り方

1 キャベツはせん切りにしてボウルに入れ、卵を加えてよく混ぜる。

2 卵焼き器にバターを入れて中火で熱し、1を流し入れ、四角になるように形を整えながら両面焼く。

3 パンはトーストして片面にバター適量（分量外）を塗り、ハムと2をのせる。

4 卵焼きにケチャップを塗り、砂糖を全体にかけ、もう1枚のパンで挟み、半分に切る。

マヌルパン

辛さのレベル

韓国で生まれた進化系ガーリックパン。甘いクリームチーズとガーリックバターの組み合わせが絶妙。

材料（1人分）

丸パン ………… 小2個

A クリームチーズ
………………… 40g

砂糖 ………… 小さじ4

B 溶き卵 ……… ½個分

溶かしバター … 20g

おろしにんにく … 3cm

ドライパセリ … 小さじ1

たっぷりがおいしい！

十字の切り目にクリームチーズのフィリングを挟みます。

a

作り方

1 丸パンは十字に切り込みを入れる。

2 Aを混ぜ合わせ、トッピング用に少し取り分け、残りをパンの切り目にたっぷり挟む（a）。

3 ボウルにBを入れてよく混ぜ、**2** の切り目側を浸し、トッピング用に取り分けた A を切り目の中心にのせる。

4 アルミホイルの上に並べ、トースター（1000W）で3〜4分ほど焼く。

インジョルミトースト

辛さのレベル

インパクト大！ 韓国のカフェで大人気のきなこ餅トースト。ボリューム満点ですが、

意外とペロリと食べられます。はちみつたっぷりで食べたい！

材料（1人分）

食パン（6枚切り）		2枚
バター		20g
切り餅		2個
バニラアイス		50g
無塩ミックスナッツ（粗く刻む）		10g
はちみつ		適量
A	きなこ	大さじ2
	砂糖	大さじ1
	塩	ひとつまみ

作り方

1　フライパンにバターを入れて中火で熱し、食パンを両面に焼き色がつくまで焼く。

2　耐熱容器に餅とかぶるくらいの水（約150mL）を入れ、ラップをせずに電子レンジで2分30秒ほど加熱する。

3　2の水けをきって1にのせ、混ぜ合わせたAを半量かけ（a）、もう1枚のパンで挟む。

4　3を十字に切って、器に盛り、残りのAをかけてバニラアイスをのせる。ミックスナッツを散らし、はちみつをたっぷりかける。

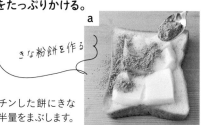

a

きな粉餅を作る

レンチンした餅にきなこの半量をまぶします。

豆知識　인절미（インジョルミ）　韓国語で「きなこ餅」の意味。韓国でも昔から愛されています。

混ぜて混ぜて、よりおいしい!

フルーツパッピンス

辛さのレベル 🌶🌶🌶

材料 (1人分)

氷	150〜200g
冷凍マンゴー	4〜5切れ
いちご	2〜3個
キウイ	⅓個
ゆで小豆	大さじ2
バニラアイス	50g
コーンフレーク	適量
コンデンスミルク	適量

作り方

1 冷凍マンゴーは袋の表示にしたがって解凍し、いちごは縦4等分、キウイは1.5cm角に切る。

2 かき氷器に氷を入れて、器に削り入れる。

3 2に1と小豆をのせ、真ん中にバニラアイスをのせる。

4 コーンフレークを散らし、コンデンスミルクをかける。

爽やかで
口直しに
ぴったり

ゆずシャーベット

辛さのレベル

材料（1人分）

プレーンヨーグルト　　100g
生クリーム　　　　　　50mL
ゆず茶　　　　　　　　40g
ミント　　　　　　　　適宜

メモ

ゆずの果皮や果肉を砂糖
漬けにしたものをお湯で
割って飲むゆず茶。市販
のもののほか、韓国では
各家庭でもよく手作りされ
ています。

作り方

1 冷凍用保存袋にヨーグルト、生クリーム、ゆず茶を入れてよくもみ、空気を抜いて袋をとじ、1時間ほど冷凍する。

2 袋の上から手で軽くもみほぐし、さらに1時間ほど冷凍室で冷やしてから再度もんでほぐす。

3 器に盛り、あればミントを添える。

ゆず茶をひんやりスイーツにアレンジ。ゆずの香りとヨーグルトの酸味が爽やか。

ふわふわ甘い
デザートコーヒー

ときめく味と
ビジュアル

フルーツも
おいしい
爽やかドリンク

ダルゴナコーヒー　　　　　センタルギウユ　　　　　オレンジエイド

귀여워요~

豆知識　**귀여워요 (クィヨウォヨ)**　「かわいい」の意味。動物や子どもなどに対して、かわいらしいというニュアンスで使います。

ダルゴナコーヒー

2層式のコーヒー牛乳。牛乳の上にホイップ状にしたコーヒーを注いで作ります。

材料（1人分）

牛乳	100〜150mL
氷	適量
A インスタントコーヒー	大さじ1
砂糖	大さじ1
ぬるま湯	大さじ1

作り方

1 よく洗って乾かしたペットボトルにAを入れてフタをし、もったりとするまで30秒ほど振る。

2 グラスに牛乳と氷を入れ、**1**を注ぐ。

センタルギウユ

いちごミルクを、かわいい映えドリンクにアレンジ。いちごが旬の時期にどうぞ。

材料（1人分）

いちご	50g
グラニュー糖	大さじ ½
牛乳	100mL
ホイップクリーム	適量
いちご（飾り用）	1個

作り方

1 いちごは粗みじん切りにしてグラニュー糖を加えて混ぜ、10分ほどおく。

2 飾り用のいちごはグラスに刺せるよう、ヘタを取ってヘタ側に切り目を入れる。

3 グラスに**1**を¾量ほど入れ、スプーンの背をグラスの内側にあて、スプーンに沿わせるようにゆっくりと牛乳を注ぐ。

4 ホイップクリームと**1**の残りをのせ、グラスに**2**を刺す。

オレンジエイド

はちみつに漬けた果物を炭酸水で割って。キウイやブルーベリーで作るのもおすすめです。

材料（1人分）

オレンジ	1個
はちみつ	大さじ1
氷	適量
炭酸水	適量

作り方

1 オレンジは飾り用に1cm幅の輪切りを1枚作り、中心まで1か所切り込みを入れる。

2 残ったオレンジは果肉を取り出して粗く刻み、はちみつを加えて混ぜ、10分ほどおく。

3 グラスに**2**と氷を入れ、炭酸水を注ぎ、**1**を飾る。

気分がアガる 韓国食器たち

01
ヤンウンネムビ（양은냄비）

韓国ドラマの食事シーンでよく見かける「ラーメン鍋」。この鍋に入っているだけで料理がおいしそうに見えるから不思議です。1人分のインスタントラーメンが作れるぐらいの直径14cm大のものから、大きいものまで、サイズはさまざま。

02
スッカラク（숟가락）・チョッカラク（젓가락）

スッカラクは「スプーン」、チョッカラクは「箸」のこと。このセットを「수저（スジョ）」とよびます。真ちゅう製の重たいものが主流ですが、最近は軽いステンレス製のものも。チョッカラクは日本の箸より平たい形です。

03
トゥッペギ（뚝배기）

日本の韓国料理店などでもおなじみの土鍋。スンドゥブチゲやユッケジャンなど、スープ料理でよく使われます。サイズは、小さいものでは、直径12cm程度の2号から。本書ではケランチム（P.20）に使いました。フタつきのものと、フタなしのものがあります。

04
パプコンギ（밥공기）

ごはんを入れるステンレス製のフタつきの器。韓国ドラマでよく見かける「マニモゴ〜（たくさん食べてね〜）」と言いながら、パプコンギによそったごはんのうえにおかずをのせてあげるのは、愛情や友情の表現だそうです。一度はされてみたい？

05
マッコリコプ（막걸리컵）

マッコリを飲むためのアルミ製のカップ。持ち手がついているので、おつまみやフルーツなどを入れる器として使ってもかわいいです。ほかにも形がシェラカップと似ていることから、キャンプ用品として使う人もいるんだとか。

韓国料理をもっと楽しむために、本場の雰囲気漂う韓国食器を使ってみるのはどうでしょう？
日本でも手頃な価格で購入することができます。メラミンクルやトゥッペギなどはそのもの自
体もかわいいアイテム！ ぜひいろいろそろえて韓国気分を満喫してください。

カッコ シッポ
갖고 싶어～!
（欲しいよ～!）

06
ポジャギ（보자기）

韓国の伝統工芸品。はぎれをパッチワークした美しい布
です。地域によって染め方や刺繍など特徴が異なり、値
段もピンキリ！ 使い方は何かを包んだり、テーブルクロス
代わりにしたり、額に飾ったりとさまざまです。

07
メラミンクル（멜라민그릇）

韓国の食器と聞いてまず思い浮かべるのがこのメラミン
食器では？ グリーンが定番色ですが、イエローやピンクな
ども。メラミン食器でトッポギやチヂミを食べれば韓国気
分は最高潮！

08
ソジュチャン（소주잔）

韓国の焼酎「ソジュ」を飲むショットグラスのこと。シンプ
ルなものから、かわいいイラストつきのものまで、いろいろ
なタイプがあります。ソジュを買うと、おまけについてくる
場合も。お気に入りを見つけてみるのも楽しそう。

09
ペクチャ（백자）

やわらかな白色が美しい韓国の白磁。シンプルですが存
在感があり、色鮮やかな韓国料理を盛れば、いっそうおい
しそうに見せてくれます。無地のもののほか、写真のよう
にワンポイントが入ったものもあります。

꼭 먹고 싶어

コッモッコシッポ！

PART5

みんなで食べたい本格派料理

豆知識 꼭 먹고 싶어 (コッ モッコ シッポ) 韓国語で「絶対食べたい」の意味。韓国料理はどれも魅力的すぎ！

ずぼらごはんもいいけれど、たまには材料を買いそろえて
本格的な韓国料理にチャレンジしてみたい！
大皿で食べたい肉料理から、激辛の鍋料理まで、
家族や友人、パートナーといっしょにワイワイ楽しめる、
韓国の名物料理レシピを伝授します。

豆知識 **좋아 (チョア)** 韓国語で「いいね」や「好き」の意味。「**이것이 좋아 (イゴシ チョア)**」で「これが好き」となります。

ＵＦＯチキン

辛さのレベル

（ヤンニョムチキン＆ハニーバターチキン）

溶かしたチーズにチキンを絡めて食べる豪快料理。
チキンはヤンニョム味とハニバタ味の2種で。
チキンとビールは韓国ドラマでもよく見る組み合わせ！

材料（2〜3人分）

鶏手羽元		12本
片栗粉		適量
ピザ用チーズ		200g
チェダーチーズ（スライス）		3枚
牛乳		大さじ2
揚げ油		適量
A	酒	大さじ1
	おろしにんにく・おろししょうが	各6cm
	塩・こしょう	各少々
B	水	大さじ3
	スイートチリソース	大さじ2
	コチュジャン	大さじ1
	はちみつ	大さじ½
	しょうゆ・砂糖	各小さじ1
C	バター	50g
	はちみつ	大さじ3
	おろしにんにく	3cm

作り方

1 鶏肉は骨に沿ってキッチンバサミで切り込みを入れる。

2 ポリ袋に **1**、**A** を入れてもみ込み、冷蔵室で20分ほどおく。

3 **2** に片栗粉をたっぷりまぶし、170度の油で5〜6分ほど揚げる。

4 フライパンに **B** を入れて中火にかけ、軽く煮詰まったら **3** の半量を加えて煮絡める。フライパンをきれいにし、**C** を入れて中火にかけ、軽く煮詰まったら残りの **3** を加えて煮絡める。

5 耐熱容器にピザ用チーズとちぎったチェダーチーズを入れ、牛乳を加える。フライパンの中央にのせ、まわりに **4** のチキンを並べる。中火にかけ、チーズが溶けたらチキンに絡めながらいただく。

あと引くウマさで
若者に人気！

お腹がすいた！

ラポッキ

トッポギ用の餅とインスタント麺をコチュジャン味の甘辛いスープで煮た料理です。具にさつま揚げを加えるのも特徴。

材料（2～3人分）

トッポギ用の餅	100g
さつま揚げ	1枚
玉ねぎ	¼個
サリ麺	1袋
ゆで卵	2個
長ねぎの緑の部分（小口切り）	適量
A 水	500mL
ダシダ（牛肉）	小さじ1
コチュジャン・砂糖	各大さじ2
しょうゆ	大さじ1と½
おろしにんにく	2cm

作り方

1 さつま揚げは薄切り、玉ねぎは1cm幅のくし形切りにし、サリ麺は半分に割る。

2 フライパンに A を入れて中火にかけ、沸騰したらトッポギ用の餅とさつま揚げ、玉ねぎを加え、弱火で5分ほど煮る。

3 サリ麺を加えてほぐすように混ぜ、さらに5分ほど煮る。

4 半分に切ったゆで卵を加え、長ねぎをのせる。

サリ麺
鍋料理やスープにトッピングするためのインスタント麺。伸びにくい。

미쳤네~

おいしすぎ~

お肉がしっとり
やわらかい

ポッサム

ゆでた豚バラ肉を包み野菜にのせ、甘辛みそのサムジャンやアミの塩辛を添えていただきます。サムジャンはサムギョプサルにつけてもおいしい。

材料（2〜3人分）

豚バラブロック肉		300〜400g
塩・黒こしょう		各適量
ごま油		大さじ1
包み野菜（サンチュ・えごまの葉など）		各適量
アミの塩辛		適量
A	水	2L
	酒	大さじ3
	長ねぎの緑の部分	1本分
	しょうがの薄切り	1片分
サムジャン	みそ・コチュジャン	各大さじ1
	砂糖・ごま油・白すりごま	各小さじ1
	おろしにんにく	3cm

※サムジャンは市販品を使用してもOK（P.115）

作り方

1 豚肉は常温に戻し、塩、黒こしょうを振って手ですり込む。

2 フライパンにごま油を中火で熱し、**1**を入れ、表面に焼き色がつくまで焼く。

3 鍋に**A**と**2**を入れて中火にかけ、沸騰したらアクを取り、フタはせずに弱めの中火で30分ほどゆでる。サムジャンの材料は混ぜ合わせておく。

4 豚肉の粗熱がとれたら薄切りにして器に盛り、包み野菜、サムジャン、ごま油適量（分量外）をかけたアミの塩辛を添える。

トッピングはお好みで

アミの塩辛

アミえびを使った塩辛。塩分が多いので、冷凍保存しても固まらず、そのまま使うことができて便利。スープにちょい足ししたり、ごはんにのせたりしてもおいしい！

カリッと
焼くほど
おいしい

맛있겠다〜

おいしそう〜

サムギョプサル

辛さのレベル

厚く切った豚バラ肉とキムチを焼いて食べる、豪快な焼き肉。フライパンごと食卓へどうぞ。

材料 (2〜3人分)

豚バラブロック肉	300〜400g	サムジャン(P.112)	適量
にんにく	2片	A 塩	小さじ½
キムチ	100g	こしょう	少々
包み野菜(サンチュ・えごまの葉など)	各適量	ごま油	小さじ2

作り方

1 豚バラ肉は1cm厚さに切ってバットに並べ、Aを順にかけて、冷蔵室で1時間ほどおく。にんにくは縦薄切りにする。

2 フライパン(またはホットプレート)を強火で熱し、1とキムチを焼く。

3 豚肉にこんがりと焼き色がついたらキッチンバサミで食べやすく切り、包み野菜、ねぎの和え物(下記参照)、サムジャンを添える。

bibigo サムジャン 170g／259円(税込)
コチュジャンと並び韓国を代表する万能調味料。

＋モ

サムジャンは市販のものでもOK！ほかに、チヂミにつけたり、生野菜にディップしたりして食べてもおいしいです。

セットでどうぞ

ちょっと辛みが欲しいときに。お肉のつけ合わせにぴったり！

ねぎの和え物

辛さのレベル

材料 (2〜3人分)

長ねぎの白い部分	1本分
しょうゆ・ごま油・粉唐辛子	各小さじ1
塩・こしょう・白いりごま	各適量

作り方

1 長ねぎは、5〜6cm長さのせん切りにし、5〜6分水にさらして水けをきり、白髪ねぎを作る。

2 1を残りの材料で和えて器に盛る。

タッカンマリ

材料（2〜3人分）

鶏手羽中		400g
じゃがいも		4個
長ねぎ		1本
A	酒	小さじ2
	塩	小さじ½
	おろししょうが	2cm
	こしょう	少々
B	水	1.2L
	顆粒鶏がらスープの素	大さじ1
にらだれ	にら（みじん切り）	¼束
	粉唐辛子・しょうゆ・酢	各大さじ1
	和がらし（チューブタイプ）	3cm
	おろしにんにく	2cm
	塩・こしょう	各少々

骨つきの鶏肉をぐつぐつ煮た、あったか鍋料理。本来は丸鶏を使いますが、ここでは手に入りやすい手羽中を使いました。辛さはにらだれで調節してください。

作り方

1 長ねぎは4cm長さに切り、じゃがいもは皮をむく。

2 手羽中は**A**をもみ込む。

3 鍋に**2**、**B**を入れて中火にかけ、沸騰したらアクを取り、フタはせずに弱めの中火で20分煮る。にらだれの材料は混ぜ合わせておく。

4 鍋に**1**を加え、じゃがいもがやわらかくなるまで煮込み、にらだれを添える。

カムジャタン

材料 (2〜3人分)

豚スペアリブ		400g
じゃがいも		4個
玉ねぎ		1個
豆もやし		1袋 (200g)
長ねぎの緑の部分		1本分
しょうがの薄切り		2枚
えごまの葉		10枚
水		1.8L
A	コチュジャン・みそ・しょうゆ	各大さじ2
	粉唐辛子・酒	各大さじ1
	顆粒鶏がらスープの素	小さじ2
	おろしにんにく	4cm
	おろししょうが	3cm

本来は豚の背骨を使いますが、スペアリブでも本格的な味に作ることができます。コクのあるピリ辛スープに、えごまの葉が爽やかに香る!

作り方

1 鍋に分量の水とスペアリブ、長ねぎ、しょうがを入れ、火にかける。沸騰したらアクを取り、フタはせずに弱めの中火で30分ほど煮る。

2 じゃがいもは皮をむき、玉ねぎは2cm幅のくし形に切る。豆もやしはひげ根を取り、熱湯で軽くゆでておく。

3 *1*のスープをザルで濾して鍋に戻し入れ、Aを加える。スペアリブと*2*を加えて中火で煮る。

4 じゃがいもがやわらかくなったら、手でちぎったえごまの葉を散らす。

豆知識 ▶ **감자 (カムジャ)** 韓国語で「じゃがいも」の意味。辛い味つけにも合うため、韓国料理でよく使われる食材のひとつです。

맛있겠다~
おいしそう〜

華やかな
ピリ辛鍋

120

牛肉のチョンゴル

辛さのレベル 🌶🌶🌶

宮廷料理の辛くない牛肉鍋として生まれたといわれていますが、その後、歴史とともに変化し、今は家庭によってさまざまな味つけで楽しまれています。

材料 (2～3人分)

牛切り落とし肉	150g
キムチ	150g
木綿豆腐	½丁(150g)
大根	100g
にんじん	100g
小ねぎ	½束
卵	2個
水	100mL
A　しょうゆ	大さじ2と½
砂糖・コチュジャン	各大さじ1
みそ・粉唐辛子・ごま油	各小さじ1
おろしにんにく	3cm

作り方

1 牛肉は食べやすく切り、混ぜ合わせたAの半量をもみ込む。

2 豆腐は1cm幅の棒状に切る。大根、にんじんは5cm長さのせん切りにし、小ねぎは5cm長さに切る。

3 鍋に**1**、**2**、キムチを放射状に彩りよく並べ、中央に卵を割り入れる。

4 残りのAと分量の水を合わせたものを回しかけ、中火にかける。

5 卵の白身が固まりだしたら、全体を混ぜながら火を通す(a)。

混ぜながら火を通す！

卵の白身が固まりだしたら、混ぜはじめます。

オデン

「オムク」とよばれる練り物を串にくねくねと刺したものと、卵やトッポギ用の餅、キャベツなどを煮込んだ韓国風おでん。コチュジャンだれにつけながら食べて。

材料（2〜3人分）

オムク（韓国おでん用の練り物）		2枚
ゆで卵		2個
トッポギ用の餅		8本
キャベツ		¼個
A	水	800mL
	しょうゆ	大さじ ½
	ダシダ	大さじ 1
	赤唐辛子（小口切り）	小さじ 1
	おろしにんにく	3cm
	塩	小さじ ¼
コチュジャンだれ	コチュジャン・砂糖・しょうゆ	各大さじ 1
	水	小さじ 1
	ごま油・白いりごま	各小さじ ½
	おろしにんにく	1cm

作り方

1 オムクは縦4等分に切り、ひだを寄せるように竹串に刺し（a）、熱湯をかけて油抜きをする。トッポギ用の餅は熱湯に軽くさらしてやわらかくなったら4本ずつ竹串に刺す。キャベツは芯をつけたまま半分に切る。

2 鍋にAを入れて煮立たせ、**1**とゆで卵を入れ、中火で7〜8分ほど煮込む。コチュジャンだれの材料を混ぜ合わせて添える。

くねくねした形が特徴！

a

ひだを寄せるように竹串に刺していきます。

オムク
オデンに欠かせない、魚肉を使った練り物です。「韓国おでん」や「釜山おでん」の名前で売られていることも。

ナッコプセ

材料（2〜3人分）

ゆでだこ		150g
むきえび		150g
牛もつ（生）		150g
長ねぎ		1本
キャベツ		¼個
玉ねぎ		½個
韓国春雨		50g
水		400mL
A	コチュジャン・粉唐辛子	各大さじ2
	ダシダ・しょうゆ・酒・みりん・みそ	各大さじ1
	ごま油	小さじ2
	おろしにんにく・おろししょうが	各3cm

作り方

1 ゆでだこは1.5cm角に切り、むきえびは背ワタがあれば取り除く。牛もつは熱湯でさっとゆがき、水けをきる。

2 長ねぎは1.5cm長さ、キャベツは1.5cm四方、玉ねぎは1.5cm角に切る。春雨は袋の表示時間どおりにゆで、キッチンバサミで食べやすく切る。

3 鍋に1、2を入れて分量の水を注ぎ、Aを入れて中火で具材に火が通るまで5〜6分ほど煮る。

この形が韓国流のおもてなし

日本のグルメドラマ「孤独のグルメ（韓国出張編）」にも登場した釜山の郷土料理。海鮮に牛もつという不思議な組み合わせですが、ぷりぷりのもつがいい仕事をしています。

＋モ

牛もつの代わりに、加熱済みの豚もつを使用してもOK。その場合、加熱済みでも、一度熱湯でゆがいてから使ってください。

残ったスープに、ごはん、韓国海苔、小口切りにした小ねぎを加えて炒めればポックンパに！

Profile

島本美由紀

料理研究家・ラク家事アドバイザー。身近な食材で、誰もが手軽においしく作れるレシピを考案。韓国人の祖母の影響で、日本と韓国、両方の食文化に触れながら育ったため、本場の味はもちろん、日本人の口にも合う韓国料理レシピも得意。親しみやすいキャラクターが人気で、NHK「あさイチ」や日本テレビ「ヒルナンデス！」などのテレビ番組や、雑誌を中心に活躍。著書は80冊を超える。
https://shimamotomiyuki.com/

マニモゴ！ずぼら韓国ごはん

2023年7月25日　第1刷発行

著者	島本美由紀
発行人	土屋 徹
編集人	滝口勝弘
企画編集	田村貴子
発行所	株式会社Gakken
	〒141-8416　東京都品川区西五反田2-11-8
印刷所	大日本印刷株式会社
DTP製作	株式会社グレン

Staff

デザイン	小椋由佳
撮影	武井メグミ
スタイリング	黒木優子
イラスト	木波本陽子
編集	稲垣飛力里（side dishes）
校正	ゼロメガ
DTP協力	宇田川由美子
撮影協力	ＵＴＵＷＡ、韓国スタンド＠
調理アシスタント	原久美子
編集協力	Naomi&JJ、関口まりの
編集補助	

中野愛美、佐々木萌、稲場南々子（Gakke

商品協力
CJ FOODS JAPAN 株式会社
https://cjfoodsjapan.net/

●この本に関する各種お問い合わせ先
本の内容については、下記サイトのお問い合わせフォームよりお願いします。
　https://www.corp-gakken.co.jp/contact/
在庫については　Tel 03-6431-1250（販売部）
不良品（落丁、乱丁）については　Tel 0570-000577
　学研業務センター　〒354-0045　埼玉県入間郡三芳町上富279-1
上記以外のお問い合わせは　Tel 0570-056-710（学研グループ総合案内）

学研グループの書籍・雑誌についての新刊情報・詳細情報は下記をご覧ください。
学研出版サイト　https://hon.gakken.jp/